인생을 바꾸는
재테크킹

인생을 바꾸는
재테킹

매경 엠플러스(M+) 엮음

매일경제신문사

부자로 가는 문을 열겠습니다

언론이 다른 언론을 이야기할 때 조금은 머쓱하고 부끄럽기도 하지만, 그래도 경제신문으로 인정할 만한 매체로 단연 영국의 일간지 파이낸셜타임스Financial Times, 이하 FT를 꼽을 수 있습니다. 공교롭게도 FT가 한국에 판매하는 신문을 매일경제신문사가 인쇄해주는 바람에 주필인 저는 공짜로 이 신문을 구독하는 호사를 누리고 있습니다.

FT가 1888년 1월 10일 런던에서 창간했으니, 130년 이상의 역사와 전통을 자랑하는 신문입니다. 이 신문은 창간일에 4페이지를 발행했는데 거기에 독자에 대한 약속을 합니다. 친구가 되겠다고 말이죠. FT가 내세운 친구는 5명이 있습니다. '정직한 금융인Honest Financier', '성실한 투자자Bona Fide Investor', '존경할 만한 중개인Respectable Broker', '거짓 없는 기업인Genuine Director'. 여기까지는 엘리트 위한 언론을 지향하는 FT답습니다. 그런데 마지막 유형의 친구는 의외입니다. 바로 '투기자Speculator'입니다. 물론 투기자 앞에는 '합법적Legitimate'이라는 형용사가 붙습니다.

만약 우리나라 경제신문이 투기자의 친구가 되겠다고 하면 난리가 날 겁니다. 데모대가 신문사 앞에 피켓을 들고 폐간하라고 아우성치거나 건물에 계란을 투척하는 등의 시위를 벌일지도 모릅니다. 요즘 같아서는 홈페이지가 험악한 욕설로 도배되다시피 할 게 분명합니다. 모르긴 몰라도 얼마 안 가 신문사는 문을 닫아야 할 겁니다. 그 앞에 아무리 고상한 형용사를 붙인들 비난을 면하긴 어렵겠지요. 그런데 영국의 FT는 그 약속을 130년 넘게 고수하고 세계 초일류 경제신문의 위상을 굳건히 지키고 있습니다. 두 차례에 걸친 세계대전과 나치즘, 파시즘, 사회주의를 거치면서도 일관되게 자본주의를 옹호해 왔습니다. 마거릿 대처와 로널드 레이건의 자유시장경제 원칙을 지지했고, 지구상의 모든 나라를 글로벌의 틀 속으로 불러들였습니다.

대한민국 정서상 투기자의 친구가 된다는 건 불가능하지만, 적어도 합법적인 투기자라면 생각을 달리 할 수도 있지 않을까요? 투기가 무엇이냐고 묻는다면 여러분은 어떻게 답하시겠습니까? 아마 그건 주식이나 부동산, 아니면 금이나 외화자산 등 어떤 재화를 구매할 때 시간이 지나면 그 당시 지불한 금액보다 더 오를 것이라고 예상하는 거 아닐까요? 한마디로 투기란 시세차익이나 전매차익을 노린 경제행위입니다. 그런 경제행위를 하는 사람들을 투기자라고 부르지요.

미래에 이윤을 얻거나 다른 효용을 취하기 위해 물건을 산다면, 그것은 투자입니다. 그러나 칼로 두부 자르듯 투기와 투자를 구분하기는 어렵습니다. 누군가 유명 화가의 그림을 샀습니다. 그림을 감상하기 위해 샀다면 투자이지만, 나중에 그림값이 올라 그것을 팔았다면 투기입니다. 처음에는 투자로 시작했다가 시간이 지나다 보니 이제 그림도 감상할 만큼 했겠다, 그림 가격이 올라 되팔았고 그로 인해 매매차익을 얻었다면 그건 투기인가요? 아니면 투자인가요? 굳이 그 둘을 구분하기 전에 이런 소비자의 행동은 비난받아 마땅한 일인가요?

저는 투자는 좋고 건전한 것, 투기는 나쁘고 불건전한 것이라는 선입견에 근거해 이분법적으로 가치판단을 하는 게 문제라고 봅니다. 투기라고 나쁘다고만 볼 수 없으며 거꾸로 투자라고 좋다고만 할 수도 없습니다. 어떤 기업인이 마약을 만드는 기계를 구입하면 그건 분명 투자이지만 좋게 볼 수는 없지요. 너무 극단적인 예를 들었네요. 그럼 자동차 공장을 짓는다고 해보죠. 투자입니다. 언론이 칭찬 일변도의 기사를 쏟아낼 겁니다. 그런데 이 공장을 짓고 나서 공급이 과잉돼 만든 자동차가 팔리지 않게 되었습니다. 그래서 공장에서 일하는 근로자도 해고하고 부실 처리하느라 정부 혈세까지 들어갔다고 해보죠. 그렇다면 아주 나쁜 투자가 되지요? 언론은 언제 그랬냐는 식으로 비난을 퍼부을 겁니다.

투자도 알고 보면 투기와 맥이 같습니다. 자신의 예상과 다른 상황이 생기면 투자라고 해도 손실을 보게 됩니다. 그래서 투자는 자기 책임으로 하는 것이며 늘 리스크가 따릅니다. 투자와 리스크는 한 묶음인 것이죠.

그런데 투기는 도박과는 다르지요. 도박은 범죄 행위입니다. 도박을 한 사람은 1,000만 원 이하의 벌금에 처한다고 법에 명시돼 있습니다(형법 제246조). 도박은 우연한 사정에 의해 승패가 결정되는 제로섬 게임입니다. 형법 교과서에 그렇게 정의돼 있습니다. 냉정히 말해 투기도 누군가와 승패를 겨루는 게임입니다. 삼성전자 주가가 내일 오를 것이라고 예상하는 사람은 오늘 주식을 살 것이고, 내일 하락할 것이라고 예상하는 사람은 오늘 팔 것입니다. 그럼 내일 주가에 따라 승패가 결정됩니다. 그런 의미에서는 제로섬 게임이지만, 이렇게 주식을 사고파는 유통시장이 있어 국가경제 전체로는 포지티브섬 게임이 되는 것이지요. 그리고 내일은 졌지만 모레는 이길 수도 있습니다.

어찌 보면 대한민국 국민 대다수는 투기자입니다. 투기의 과정에서 법을 어기지 않았다면, 즉 불법적으로 내부 정보를 얻었다거나, 협박을 통해 시세보다 싸게 구입했다거나, 아니면 구매행위를 할 때 속임수를 쓰지 않았다면 과연 그런 사람들을 비난하고 매도할 수 있을까요? 그렇다면 투기한 사람은 억울하기 짝이 없겠지요. 우리는 신문지면이나 온라인상에 수많은 재테크 정보를 제공합니다. 그게 투기를 조장한다고 비난을 받는다면 그 역시 억울하기 짝이 없는 노릇입니다.

강원도 춘천에 북한강 지류인 소양강이 있습니다. 오래된 유행가 '소양강 처녀'로 유명한 이곳에 댐을 건설했지요. 수십 년 전 여름만 되면 홍수로 한강이 범람해 수도 서울에 침수지역이 많이 생기곤 했는데, 이

걸 막고자 댐을 건설했습니다. 댐은 1973년에 완공되었지만, 댐 건설 구상은 박정희 전 대통령이 5.16으로 정권을 잡고 난 직후부터 시작되었습니다.

어느 날 박 전 대통령이 국내 대표 건설사 사장 4명을 호출합니다. "서울에 장마철마다 상습 침수지역이 생깁니다. 이걸 해소하기 위해 댐을 건설하고자 하니 적극 참여하기 바랍니다"라고 말했죠.

건설사들의 다음 수순은 너무나도 빤했습니다. '우리가 그 공사를 따내자, 돈이 될 것 같다' 하면서 수주전략을 짰습니다. 그런데 한 건설사 사장은 다른 궁리를 합니다. 그는 참모진에게 서울 지도를 가져오라고 했습니다. "상습침수지역이 어디냐. 이 지도에서 찍어봐라. 그리고 있는 돈 없는 돈 모두 모아 그 지역 땅을 사라." 이런 지시를 내립니다. 그 땅이 어디인 줄 다들 아실 겁니다. 바로 지금의 압구정입니다. 당시 지시를 내린 사장도 누군지 짐작이 갈 겁니다. 바로 현대그룹 정주영 회장입니다. 그래서 압구정에 지금의 현대백화점, 현대아파트가 있는 거죠.

이제 함께 생각해봅시다. 정주영 회장이 압구정에 땅을 산 게 투기일까요? 엄밀히 따지면 투기가 아니라 투자입니다. 만약 토지만 매입했다가 훗날 다른 건설업자에게 매각했다면 투기라고 할 수 있습니다. 그러나 정 회장은 그 땅에 아파트와 백화점을 건설하며 이윤을 얻었기 때문에 투자가 맞습니다. 그런데 국민 정서상 정 회장의 행위를 투기라고 보는 사람들이 대다수일 것 같습니다. 여러분들의 생각은 어떻습니까? 정주영 회장을 투기꾼이라며 비난하는 게 맞을까요? 그의 행동이 잘못

됐다며 이런저런 죄를 씌워 그를 감옥에 보내야 할까요? 아니면 불로소득으로 간주해 세금을 왕창 매겨 수익금 대부분을 국고로 환수해야 할까요? 이에 대한 답은 여러분에게 맡기겠습니다.

매일경제는 2021년 10월 '내 손안의 머니쇼, 365일 만나세요'라는 캐치프레이즈로 국내 첫 온오프라인 재테크플랫폼 'M+'를 출범했습니다. 이 플랫폼은 최근의 경제흐름을 진단하고 부동산, 주식 등에 대한 재테크 전략을 제시하고 있습니다. 이 책은 그간 M+에서 제시한 재테크 전략을 집대성한 것입니다.

매일경제가 만약 FT의 130년 전 독자와의 약속 같은 걸 한다면, 그건 합법적으로 돈을 벌고자 하는 욕망을 지닌 투기자의 친구가 되겠다는 약속입니다. 솔직하게 말씀드리면 그렇습니다. 정말 돈을 많이들 벌었으면 합니다. 돈을 싫어하는 사람이 있을까요? 돈 버는 데 그다지 큰 관심이 없는 사람은 있을지 모릅니다. 그런데 정말로 그런 걸까요? 돈벌 능력이 없는 걸 고상한 윤리로 포장해 변명하는 것은 아닌가요? 속으로는 돈이 좋은데 겉으로는 돈이 싫다고 하는 사람은 위선자입니다. 도덕정치를 하는 것도 아닌데 돈 버는 걸 죄악시 하는 국가가 있다면 그 나라는 비전이 없을 겁니다. 여러분은 그런 나라에 살고 싶습니까? 우리 모두 돈을 벌고 싶고, 그렇게 번 돈으로 보다 행복하고 풍요롭게 살고 싶습니다.

그런데 돈을 벌고 싶다고 해서 돈이 벌린다면 누군들 그리 못하겠습니까? 돈 버는 게 쉽다면 모든 사람이 부자가 되었겠지요. 돈 버는 방으로 들어가는 문은 매우 좁습니다. 어떨 때는 운도 따라야 합니다. 분명한 것은 공부를 하는 겁니다. 노력이 필요합니다. 안목과 관점을 키우는 공부, 남들과 다르게 생각하는 힘을 기르는 공부, 지식과 정보를 습득하는 공부… 이런 게 모여서 재테크의 도사가 되고 생활의 달인이 되는 겁니다.

몇 년 전 세계 최대 사모펀드PEF 블랙스톤을 창업한 스티븐 슈워츠먼이 자서전을 냈는데, 그는 자신의 책에 투자 성공법이자 인생철학 25계명을 담았습니다. 슈워츠먼는 정보와 창의적 발상을 매우 강조했습니다.

그렇습니다. 무엇보다도 경제적 지식과 기업, 시장에 대한 정제된 정보를 얻는 것이 중요합니다. 이 책은 그것을 도와주는 공간입니다. 주식 투기도 아무런 지식이나 정보 없이 한다면 운에 맡기는 도박과 같은 행위가 될 수 있습니다. 막무가내로 암호화폐를 사고팔거나 무분별하게 선물 시장에 뛰어드는 사람은 도박을 하는 것과 다름없습니다.

다음은 창의적 발상입니다. 어느 초등학교에서 선생님이 학생에게 이런 질문을 했다고 합니다. "얼음이 녹으면 어떻게 되나요"라고요. 대부분 아이들은 "물이 됩니다"라고 대답했습니다. 너무 당연한 답이죠. 그런데 한 아이가 다른 대답을 했습니다. "얼음이 녹으면 봄이 옵니다." 이런 아이가 아마도 돈을 벌 겁니다.

이 책을 통해 여러분 모두 돈 많이 버서서 행복한 부자가 되는 혜안을 얻으시길 바랍니다. M+는 앞으로도 여러분 모두 부자로 가는 문을 열겠습니다.

CONTENTS

PART 1 글로벌 경제 확 뜯어보기

PART 4 부자 주머니엔 이미 코인이 담겼다

글로벌 경제
확 뜯어보기

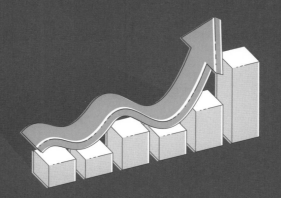

1

긴축의 시대, 패러다임이 바뀐다

2022년 들어 인플레이션을 놓고 논쟁이 뜨겁다. 한쪽에서는 인플레이션 공포가 온다고 말하고, 다른 한쪽에서는 일시적인 현상일 뿐이라고 말한다.

2021년 3분기까지만 해도 연방준비제도Fed 제롬 파월 의장은 인플레이션이 일시적인 현상이라며 당장 기준금리를 인상할 수 없다고 설명했으나, 2021년 4분기부터 견해를 바꾸기 시작했다. 마치 '인플레이션과의 전쟁'을 선언하듯 통화정책 기조를 급격히 전환한 것이다. 2022년 들어서는 테이퍼링을 앞당기고, 기준금리 인상 속도를 올리겠다는 의지를 적극적으로 내보이고 있다. 급기야 2022년 3월에는 금리를 올렸다. 인플레이션을 막기 위해서다.

인플레이션 압력은 미국과 유럽을 중심으로 강하게 나타나고 있다. 중국이나 신흥개도국들EMDEs의 경우에도 코로나19 이전의 물가보다 각각 2.2%p, 2.7%p 가량 높은 수준의 물가 흐름이 나타났다. 하지만 선진국들의 경우 인플레이션이 매우 위협적인 수준이다. 미국과 유럽은 각각 5.4%p, 4.4%p 수준의 물가상승률을 기록하고 있을 만큼 인플레이션 현상이 심각한 상황이다.

이러한 급격한 인플레이션은 어디에서 비롯되었을까? 인플레이션의 첫 번째 요인으로는 막대한 규모로 풀린 유동성liquidity에 있다. 코로나19라는 '유례없는 수준'의 경제충격을 경험하게 된 세계 각국은 '유례없는 수준'으로 강력한 통화정책을 동원했다.

즉, '유례없는 수준'으로 가파르게 기준금리를 인하한 것이다. 이는 곧 '유례없는 수준'으로 돈의 가치가 떨어졌음을 의미하고, '유례없는 수준'으로 자산가치와 물가가 상승하게 된 배경이 되었다.

둘째, 수요견인 인플레이션demand-pull inflation이다. 즉, 2021년 이후의 물가상승은 세계경기 회복 및 수요 증가와 무관하지 않다. 기업들의 적극적인 투자와 신산업진출 등으로 에너지와 원자재 수요가 집중되었고, 각국 정부의 예산이 인프라 산업에 쏠리면서 원자재 수요가 가히 폭발적으로 증가했다. 수요초과로 인해 건축용 목재나 철 스크랩 등의 공급이 부족해지고, 비용이 상승해 최종재 가격에 전가되었다.

셋째, 비용상승 인플레이션cost-push inflation의 성격도 함께 찾아왔다. 국가 간 이동의 제한이 장기화하다 보니, 주요 산업의 노동 인력 공급이 부족해졌다. 농어촌 지역이나 제조 및 건설공사 현장에 외국인 노동 인력이 부족해 정상적인 생산활동이 이루어지지 못하고, 인건비가 상승할 수밖에 없었다. 구인난과 인건비 상승, 원자재와 반도체 등의 중간재 가격 상승은 수입물가 및 생산자물가 상승으로 이어졌고, 이는 소비자물가 상승으로 연결되었다.

　그렇다면 인플레이션 리스크는 언제까지 지속될까?

　인플레이션의 첫 번째 요인인 유동성은 더 이상 인플레이션 장기화를 뒷받침해주지 못한다. 2022년에는 지금까지와는 다른 방향으로 돈의 흐름이 전개될 것이다. 돈이 풀렸던 시대에서 돈이 거둬지는 시대로의 전환이 시작되었다. 즉, 완화의 시대에서 긴축의 시대로의 전환이 시작된 것이다. 2022년은 세계경제가 코로나19 이전 수준으로 회귀하는 새로운 국면에 있다. 새로운 국면으로 전환하는 만큼 행동의 전환, 즉 통화정책의 전환이 있을 수밖에 없다.

　긴축의 시계가 더 빨라졌다. 긴축의 시대를 넘어 초가속화의 시대다. 세계경제가 예상했던 수준 이상으로 강하게 반등하고 있기 때문이다. 더욱이 공급망 병목현상이라는 숙제를 풀지 못해 인플레이션 압력이라는 벌을 받는 듯하다. 원자재와 부품가격이 치솟고, 이는 수입물가, 생산자물가 상승에 이어 소비자물가를 요동치고 있다. '인플레이션과의 전쟁'을 선언하는 많은 국가가 기준금리 인상을 가속화하고 있다. 러시아, 브라질, 헝가리는 이미 기준금리 인상을 여섯 차례 이상 단행했고, 체코를 비롯한 유럽이나 중남미 국가들도 긴축이라는 결승점을 놓고 경주하듯 움직이고 있다.

미국의 움직임도 예사롭지 않다. 통화정책 기조의 전환을 천천히 함으로써 시장에 부작용을 최소화하기 위한 약속Baby Step rule도 잊은 듯하다. 다수의 연준 위원들은 인플레이션 우려를 중대하게 고려하기 시작했고, 정책금리 인상 시점이 앞당겨지고 횟수도 늘어날 것으로 예측한다.

한국도 코로나19 이후 세 차례 기준금리를 인상했지만, 한국은행은 "통화정책은 아직도 완화적이다"라고 말하고 있다. 즉, 세계가 긴축의 시계를 앞당김에 따라 우리도 발을 맞춰야 하는 상황에 놓인 것이다.

통화정책 기조가 바뀜에 따라 인플레이션 압력도 상당한 수준으로 완화될 것으로 전망한다. 수요견인 인플레이션과 비용인상 인플레이션의 요소도 영향력이 줄어들 것으로 예상된다. OECD는 공급망 병목현상이 2022년 하반기에 해소될 것으로 보고 있고, EIA(미국 에너지정보청)는 국제유가가 2021년 4분기에 고점을 기록한 이후, 2022년 하향 안정화할 것으로 내다봤다.

긴축의 시대, 우리는 무엇을 어떻게 해야 할까? 국면이 전환될 때는 행동을 전환해야 한다. 새로운 국면에 각국 중앙은행이 행동을 전환하듯이, 기업과 가계의 행동도 달라져야 한다. 완화의 시대에는 자산시장이 요동치듯 성장했지만, 긴축의 시대에는 안정을 찾을 것이다. 주가와 주택매매가격이 폭등했던 시대가 가고, 전반적으로 둔화하는 흐름이 나타날 것이다.

2022년에는 현금의 비중을 확대하거나 탄탄하게 성장하는 미국의 채권에 투자하는 것도 추천할 만하다. 달러 강세 현상은 외국인 투자자에게 신흥국 시장에 대한 투자 매력도를 떨어뜨리기 때문이다. 주식투자를 선호한다면 유망한 산업을 탐색하고, 실적이 뒷받침되는 기업들에 장기투자를 고려해야 한다.

　기준금리가 상승하는 이면에는 경제가 '자신감 있게' 회복되고 있다는 전제가 있음을 잊지 말아야 한다. 무엇이 성장 동력이 되어 경제가 약진하는지, 어떤 산업이 둔화하는 커다란 경제의 회복을 견인하는지를 면밀히 관찰해야 한다.

2

환율을 보면 경제가 보인다

2000년대 초 재정경제부에 있었던 이야기다. 당시 외환 관련 업무를 하던 한 관료는 우리나라의 적정 환율을 달러당 1,100원 선으로 제시했다. 미화 1달러가 1,100원으로 교환되는 것이 우리 경제에 가장 적정한 수준이라는 판단이었다. 그런데 왜 1,100원이었을까? 판단 근거는 이랬다.

수출을 해서 먹고사는 우리나라 경제는 환율에 매우 민감하다. 예를 들어 우리가 자동차를 만들어 미국에 파는데 생산 원가가 1,000만 원이라고 가정하자. 원가에 100만 원의 마진을 붙인다면 원화로 계산된 자동차 값은 1,100만 원이다. 이때 달러당 원화 환율이 1,100원이라면 이 자동차는 미국에서 1만 달러에 팔린다. 그런데 달러당 원화 환율이 1,000원으로 떨어지면 어떻게 될까? 우리나라에서 책정한 가격은 1,100만 원인데 달러당 원화 환율이 1,000원이라면 이 자동차 값은 미국에서 1만 1,000달러가 된다. 미국 소비자 입장에서는 자동차의 품질이 좋아진 것도 아니고, 차 값이 비싸질 이유가 없는데 하루아침에 10%나 높은 값에 자동차를 사야 한다. 이런 경우라면 미국 소비자는 일본이나 유럽산 자동차로 눈을 돌린다. 그러면 우리나라 수출은 대폭 줄어들고 우리 경제는 충격을 받게 된다.

반대로 달러당 원화 환율이 1,200원으로 올라 원화 값이 떨어졌다면 어떻게 될까? 이때 1,100만 원인 자동차를 미국에 팔 때 가격은 9,167만 원으로 떨어진다. 차 성능은 그대로인데 가격이 83만 원이나 떨어지면 미국 사람들은 앞다퉈 한국 자동차를 사려고 할 것이다. 자연스럽게 우리나라 수출은 빠른 속도로 늘어난다.

수출이 경제의 원동력인 국가들은 환율의 움직임에 큰 영향을 받는다. 이 때문에 수출 주도형 경제를 구축하고 있는 나라들은 정부가 외환시장에 개입해 자국 통화가치를 낮추려고 한다.

그럼 달러당 환율이 높을수록 좋은 것일까? 반드시 그렇지는 않다. 우리나라는 수출만으로 먹고사는 것은 아니다. 수많은 외국인 투자자들이 우리나라에 들어와 있다. 그들은 달러를 가져와 이를 원화로 바꿔 한국에서 주식이나 채권을 산다. 그들 입장에서는 환율이 오르면(원화 값이 떨어지면) 손해를 본다. 1만 달러를 들고 와 환율이 1,100원일 때 원화로 바꿔 1,100만 원어치 주식을 산 사람이 환율이 1,200원으로 오르면, 주가가 변동이 없더라도 이를 달러로 바꾸면 9,167달러밖에 안 된다. 그래서 환율이 너무 많이 오르면 외국인 투자자들은 한국을 떠난다. 이때는 금융시장이 요동치고 경제가 불안정해진다. 외국자본의 급격한 이탈로 우리나라는 1997년 국제통화기금IMF 구제금융을 받은 사례도 있다. 우리나라가 외풍을 많이 탈 수밖에 없는 경제구조라 환율에 좌우되는 것은 어찌 보면 숙명 같은 것이다.

환율이 오르면 수출은 잘 되지만 외국인 투자자들이 이탈하고, 환율이 떨어지면 외국인 투자자들에게는 유리하지만 수출이 박살 난다. 이런 점을 감안할 때 달러당 원화 환율이 1,000 ~ 1,200원대에서 움직이는 것이 우리 경제 입장에서는 수출도 타격을 덜 받고 외국인 투자자의 이탈도 막기에 좋다. 이 정도 박스권에서 환율이 움직인다면 투자자 입장에서도 큰 관심을 갖지 않아도 된다.

2022년 들어 환율이 1,200원 선을 넘었다. 외국인 투자자들의 이탈을 걱정할 만한 수준에 다가섰다는 의미다. 우리 경제의 미래와 투자의 수익률을 전망할 때 환율의 움직임이 어느 때보다 중요해졌다. 과거 우리 경제의 경험으로 비춰 봐도 이런 걱정은 기우가 아니라는 것을 알 수 있다.

그래프는 지난 1990년부터 2021년 9월까지 우리나라 외환시장과 주식시장의 움직임을 나타낸 것이다. 이 기간에 월평균 환율이 1,200원이 넘었던 적은 전체 379개월 중 62개월에 불과했다. 전체 기간의 약 16% 기간만 1,200원을 넘었을 뿐, 나머지 기간의 환율은 1,200원 아래에 있었다.

환율이 1,200원을 넘었던 시기는 우리 경제에 큰 충격이 있었던 때다. 외환위기가 닥쳐왔던 1997년 12월부터 1998년 12월까지 1년간 월 평균 환율은 1,200원을 넘었다. 당시 환율은 한때 2,000원 선에 육박하기도 했다. 수많은 외국자본이 한국을 빠져나갔고 코스피KOSPI 지수는 당시 300선까지 곤두박질쳤다. 그다음으로 1,200원을 넘은 시기는 2001년부터 2003년 3월까지의 기간이다. 당시 우리 경제는 닷컴 버블이 붕괴되고 카드 사태로 나라 전체가 홍역을 앓던 시기였다. 그다음 환율이 1,200원을 넘었을 때는 2008년 글로벌 금융위기가 닥쳤을 때다. 당시 불안정한 환율에 외국자본이 물밀듯 빠져나갔고 주택시장의 버블이 붕괴돼 집값도 급락했다. 그다음 환율이 1,200원이 넘은 시기는 2020년 3월부터 6월까지 코로나19로 경제가 큰 충격을 받았을 때다. 이처럼 환율이 1,200원을 넘어 상당 기간 지속될 때, 우리 경제는 큰 충격을 받았고 주가는 급락했다.

다시 2022년으로 돌아와 보자. 달러당 원화 환율은 연초부터 1,200원을 넘어 계속해서 이 수준을 유지하고 있다. 한때 1,240원까지 치솟기도 했다. 미국의 금리인상과 전 세계에서 진행되는 인플레이션으로 글로벌 경제는 불안하기만 하다. 이런 상황에서 환율이 1,200원을 넘어선다면 우리 경제가 또 한 번의 충격을 겪지 말라는 법이 없다.

우리 정부도 환율 1,200원이 주는 상징적 의미를 알기에 이 선을 지키고자 노력할 것으로 예상된다. 하지만 정부가 나서서 원달러 환율 1,200원 선을 지켜낼 수 있을지는 의문이다. 투자자들이 이제 환율 움직임에 눈을 돌려야 할 이유가 명백해졌다. 환율의 움직임을 보고 미래를 예측하는 것이 어느 때보다 요구된다. 즉, 1,200원을 넘는 환율이 오래 유지된다면 우리 경제에 좋지 않은 신호이니, 이를 감안하고 투자를 해야 할 것이다.

3

전쟁은 경제를 어떻게 망치는가

2022년, 세계는 또 한 차례의 전쟁을 경험했다. 전쟁은 무기를 들고 싸우고 수많은 사람들이 목숨을 잃는다. 전쟁은 어느 순간 끝나지만, 그 후유증은 오래간다. 가장 큰 후유증을 남기는 것은 경제 부문이다. 우크라이나 전쟁으로 인한 경제적 후유증도 만만찮다.

러시아의 대대적인 공습으로 군사시설은 물론 민간주거 지역, 산업 단지 등이 파괴된 우크라이나의 경제상황은 암울하기만 하다. 세르히 마르첸코 우크라이나 재무장관은 "러시아의 침공으로 우크라이나 경제의 30%가 작동을 멈췄다"라고 밝혔다. 폴란드 바르샤바에 소재한 싱크탱크인 동방연구소osw에 따르면 전선에서 멀리 떨어진 도시에서도 기업 활동이 군사 작전과 정기적인 공습경보에 의해 방해받고 있다.

전력 사용량에서도 이러한 위기를 읽을 수 있다. 전쟁 발발 후 우크라이나의 일일 전력 소비량이 반토막 났다. 이는 대부분의 산업 및 비즈니스 시설이 폐쇄되었음을 의미한다. 바딤 데니센코 우크라이나 내무부 고문은 러시아군이 유럽 최대 철강 공장 중 하나인 아조브스탈Azovstal을 파괴했다고 발표했다. 엄청난 수의 난민 발생으로 노동 인구가 줄어든 점도 경제활동을 마비시켰다.

전쟁 후유증은 전 세계로 이어진다. 주요 곡물 수출국인 우크라이나가 전쟁에 휘말리면서 이미 전 세계 곡물 가격도 급등하고 있다. 로만 레셴코 우크라이나 농업부 장관은 "현재 700만 헥타르가 재배될 계획"이라며 "이는 지난해 계획의 절반에 해당한다"고 말했다. 러시아 침공 전 세계 최대 해바라기유 수출국인 우크라이나는 2021~2022년 옥수수 3,300만 톤, 밀 2,300만 톤을 포함해 6,000만 톤 이상의 곡물을 수출할 수 있을 것으로 예측됐다.

우크라이나 난민을 가장 많이 수용하고 있는 폴란드는 우크라이나 경제 재건에도 적극적이다. 폴란드 중앙은행은 우크라이나 중앙은행에 미국 달러/흐리브냐 스와프 라인을 최대 10억 달러까지 제공하기로 했다. 이는 폴란드 중앙은행이 우크라이나 통화인 흐리브냐로부터 미국 달러를 구매한다는 것을 뜻한다. 앞서 폴란드 중앙은행은 전쟁 발발 후 우크라이나 중앙은행에 최대 40억 즈워티까지 통화 스와프를 제공하기로 결정했다.

폴란드 정부가 인도주의적 관점에서 난민과 경제지원을 우크라이나에 제공하고 있지만, 전쟁의 부정적인 영향을 피하지는 못할 것으로 경영인들은 판단하고 있다. 폴란드 신용정보 업체인 BIG InfoMonitor가 실시한 설문조사에 따르면 경영자들은 시간이 지나면 상황에 따라 활동을 중단해야 할 것이라고 우려했다. 운송 및 물류 회사(61%)가 분쟁의 부정적인 영향을 가장 우려했다. 건설과 서비스, 산업 생산(57%) 및 무역(48%)이 그 뒤를 이었다. BIG InfoMonitor 측은 "많은 우크라이나 운전사들이 전투를 위해 직장을 그만뒀다"며 "우크라이나 외에 러시아와 벨라루스로의 물품 공급이 어려워지고 있다"고 설명했다.

러시아도 전쟁 후유증에서 자유롭지 못하다. 러시아의 경우 자국 영토에는 전혀 파괴가 이뤄지지 않고 있지만, 경제 피해는 커지고 있다. 서방 세계의 대러 경제제재 탓이다. 폴란드 금융기관 방크페카오 분석가들은 "이번 전쟁으로 러시아 경제는 1990년대로 돌아갈 것"이라며 "러시아 기업들의 90%가 비용 상승으로 어려움을 겪고 있다"고 밝혔다. 미국 투자은행 골드만삭스도 같은 견해를 밝혔다. 골드만삭스는 2022년 러시아 경제가 10% 위축되고, 인플레이션은 20%로 폭등해 지난 1990년대의 암울한 상황을 떠올리게 할 것이라고 진단했다.

골드만삭스의 클레멘스 그라페 이코노미스트는 보고서를 통해 러시아의 교역에 대한 서방의 제재로 수출은 10%, 수입은 20% 줄어들 것이라고 전망했다. 러시아의 우크라이나 침공 전 러시아의 2022년 국내총생산GDP 성장률 전망치는 2%였다. 침공 이후 골드만삭스는 전망치를 -7%로 낮췄으며 이를 다시 -10%로 하향했다. 골드만삭스의 예상대로라면 이는 1990년대 초 이후 최악의 침체기가 된다.

러시아 중앙은행은 러시아의 우크라이나 군사작전과 이에 대한 서방의 초강력 대러 제재로 경제 혼란이 빚어지던 와중에 기준금리를 종전 9.5%에서 20%로 급격하게 인상했다. 제재 공포에 질린 러시아 국민들은 설탕과 메밀 등 식료품 사재기에 나섰다. 크렘린궁은 이러한 현상은 극도로 감정적인 것이라면서 진화에 나섰지만 역부족이었다. 러시아 시민들은 루블화 약세와 서방의 제재 여파로 20년 이래 최악의 인플레이션을 맞고 있다. 전쟁 발발 직후 2주 동안 식품 가격 상승률이 10.4%에 이르렀다. 이는 1998년 이후 가장 높은 수준이다. TV와 자동차, 스마트폰, 의약품 등도 가격 상승률이 두 자릿수에 달했다.

우크라이나 전쟁의 교훈 중 하나는 '경제도 외교도 한곳에 몰빵하고 있는 것은 위험하다'는 것이다. '계란을 한 바구니에 담지 말라'는 격언을 되새기게 한다.

우크라이나 사태에서 눈에 띄는 점은 이번 사태에서 보여준 유럽연합EU의 양축인 독일과 프랑스의 엇갈리는 행보였다. 에마뉘엘 마크롱 프랑스 대통령은 외교무대에서 올라프 숄츠 독일 총리를 압도했다. 마크롱 대통령은 모스크바에서 블라디미르 푸틴 러시아 대통령과 대면 회담을 하고 이후 전화 통화를 하는 등 여러 차례 정상회담을 가졌다. 그뿐만 아니라 마크롱 대통령은 미국과 독일, 우크라이나 정상들과 계속 연락하면서 적극적인 소통을 시도했다. 위기 해결사를 자처하며 직접 이해 당사자 사이를 오가고 있던 셈이다. 마크롱 대통령은 유럽의 지도자라는 이미지를 각인시켰다.

EU에서는 탈퇴했지만, 여전히 유럽에서 큰 비중을 차지하는 영국은 더욱 강경한 태도를 보였다. 영국은 EU와 별도로 대러 경제 제재를 발표하고, 군사 활동에도 의욕적인 모습을 보였다. 보리스 존슨 영국 총리는 BBC에 출연해 "러시아가 1945년 이후 유럽에서 가장 큰 전쟁을 계획하고 있다"고 경고했다. 미국 정부가 연일 러시아의 전쟁 가능성을 경고한 것과 궤를 같이한 셈이다.

반면 독일의 태도는 의문을 자아냈다. 푸틴 대통령의 우크라이나 동부 친러 세력이 장악하고 있는 돈바스 지역에 러시아군 투입 명령을 내리고 나서야 EU의 대러 제재에 동참했다. 다른 유럽국들이 러시아의 군사행동을 경고하는 중에도 독일 정부는 우크라이나 침공에 대한 러시아의 결정을 추정하는 것은 적절하지 않다고 주장해왔다.

이들 유럽 국가의 태도 차이는 러시아에 대한 천연가스 의존도에서 비롯된다. 데이터 전문업체 스태티스타에 따르면 독일은 전체 천연가스 수요량 중 49%를 러시아에서 흘러들어오는 천연가스관에 의존하고 있다. 이와 달리 프랑스는 이 비중이 24%로 독일의 절반에 불과하다. BBC에 따르면 영국의 경우 러시아에 의존하는 천연가스가 5%에 지나지 않는다. 북해산 천연가스 생산 덕분이다. 이러한 현황은 러시아 국영 가즈프롬의 수출 통계에서도 확인할 수 있다. 지난 2020년 기준 가즈프롬이 독일에 수출한 천연가스 규모는 45.84BCMbillion cubic meters이다. 프랑스와 영국에 보낸 물량은 각각 12.39BCM, 6.03BCM이다.

프랑스와 영국은 에너지 다변화를 위한 노력도 게을리하지 않고 있다. 지난 2011년 일본 후쿠시마 원전 사고 이후 탈원전 기조였던 유럽에서 변화의 바람이 불고 있는 것이다. EU는 최근 원전을 녹색 에너지라는 점을 분명히 했다. 프랑스는 수십 년 만에 원전을 새로 짓고, 영국은 소형 원자로 개발에 자금을 지원하는 등 원전을 미래 에너지 중심으로 삼고 있다.

반면 독일은 요지부동이다. 앙겔라 메르켈 전 총리에 의해 주도된 탈원전 정책은 올라프 숄츠 신임 정권에서도 유지되고 있다. 중도좌파인 사민당 소속의 숄츠 총리가 환경을 중시하는 녹색당 등과 손잡고 출범한 독일 새 정부는 원전을 줄이고 친환경 에너지를 확대한다는 기조를 가지고 있기 때문이다. 여기에다 대러 제재를 위해 러시아와 독일을 잇는 가스관 '노르트스트림-2' 사업을 중단하겠다는 방침을 세웠다. 이에 드미트리 메드베데프 러시아 국가안보회의 부의장은 "이제 유럽은 곧 가스 1,000㎥를 2,000유로(270만 원)에 사야 하는 멋진 신세계에 진입하게 될 것"이라고 비아냥댔다. 통상 거래 단위로 환산하면 메가와트㎿당 215유로에 해당한다. 최근 유럽의 가스 가격은 ㎿당 79유로 수준이다. 결국 가스 값이 3배가 될 것이라는 점을 암시한 것이다.

독일의 행보를 보면서 한국의 요소수 사태가 떠올랐다. 한국이 다른 국가와 비교하면 유난히 요소수 부족에 시달린 이유가 요소수 대부분을 중국에 의존한 탓이다. 과거 사드발 경제보복을 당할 때도 중국에 지나치게 의존적인 한국 경제 구조가 문제였다. 당시 경제·무역 분야에서 중국 의존도를 줄이고 다각화해야 한다는 주장이 많았지만, 전혀 고

처지지 않고 있다. 또한 독일의 탈원전 강행은 한국 정부가 추진했던 탈원전 정책과 비슷하다. 미래에 대한 에너지 계획을 과학이 아닌 이념에 접근하고 있어서다.

4

재테크 최대의 적, 스태그플레이션

중간선을 지난 줄 알았는데, 출발선을 벗어나지 못하고 있다. 코로나19가 시작된 지 한참이 지났지만, 아직도 제자리 같다. 변이 바이러스가 등장하고, 공급망 대란과 인플레이션 위협이 찾아오는 듯하더니, 우크라이나 전쟁까지……. 과제가 산적해 있다 보니 풀기 어려운 과제를 매일 새롭게 맞이하는 느낌이다.

스태그플레이션이 온다. 물가가 오르고 경기는 침체를 거듭하는 현상이다. 지금까지 밀어닥친 어려운 과제들이 '변신 로봇'처럼 합체되면서, 가장 위협적인 '끝판왕' 앞에 던져진 느낌이다. 2022년 들어 공급망 병목현상이 장기화함에 따라 원자재 가격이 폭등했다. 거기에 러시아의 우크라이나 침공으로 러시아에 대한 경제제재가 가해지기 시작했다. 러시아는 세계 2위의 원유와 알루미늄 생산국이다. 유럽은 가스 소비량의 1/3을 러시아에 의존해왔다. 러시아로부터 원유, 천연가스, 니켈, 알루미늄, 밀 등과 같은 자원 수급이 막히자 원자재 가격이 추가로 폭등했다. 전쟁과 경제제재로 인해 고물가와 저성장이 같이 찾아오는 경제, 즉 스태그플레이션의 시대다.

우크라이나 전쟁 외에도 미·러 갈등이 장기화하고, 미·중 갈등마저 재점화함에 따라 원자재 수급불균형 문제는 심화할 수밖에 없다. 국제유가 상승은 기대인플레이션을 상승시킨다. 기대인플레이션이 상승한다는 것은 가계와 기업과 같은 경제주체들이 향후 물가가 더 오를 것이라고 기대함에 따라, 임금협상이나 가격 결정 등 현재 물가에 이를 반영하는 것을 뜻한다.

세계적으로 인플레이션 압력은 가중될 전망이다. 미국의 2022년 2월 소비자물가 상승률은 7.9%로, 40년 만에 최고치를 기록했다. 유럽연합(EU)의 2022년 1월 소비자물가 상승률은 5.6%로 관련 통계를 작성한 이후 가장 높았다. 한국의 2022년 2월 소비자물가 상승률도 3.7%로, 2021년 11월부터 3% 후반대를 줄곧 유지해왔다. 한국은행은 2021년 8월까지만 해도 2022년 소비자물가 상승률을 1.5%로 전망했지만, 2022년 2월 들어 3.1%로 상향 조정했다. 이마저도 우크라이나 전쟁이 본격화되기 전의 전망이다. 즉, 글로벌 인플레이션 압력은 계속 높아질 것이라는 점을 예상할 수 있다.

세계 경제가 코로나19 충격으로부터 온전히 벗어나지도 못한 시점

■ 한국의 소비자물가 및 생활물가 추이 및 전망

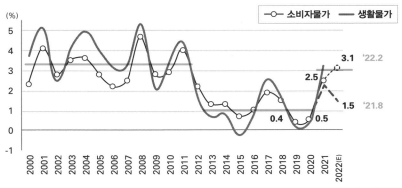

자료: 한국은행

에 '전쟁'이라는 대재앙이 찾아올 줄은 아무도 예상치 못했을 것이다. IMF국제통화기금는 우크라이나 전쟁과 러시아 경제제재로 세계경제성장률 전망치를 하향 조정하겠다는 입장을 밝혔다. IMF는 2022년 1월 오미크론 변이와 공급망 문제 등을 반영해 직전 전망치에서 0.5%p를 이미 하향 조정한 바 있다. 지정학적 리스크는 향후 식량과 에너지 가격 상승을 부추기고, 경제제재와 함께 글로벌 교역을 위축시키며, 주요국들의 소비지출을 제한할 것이다. 특히, 러시아가 경제위기를 맞으며 채무불이행을 선언할 가능성도 점쳐지는 만큼, 주변국에도 상당한 경기 하방압력으로 작용할 전망이다.

문제는 금리다. 우크라이나 침공 전까지만 해도 미국을 비롯한 선진국들은 뚜렷한 경기회복 국면 하에 있었기 때문에, 중앙은행들은 인플레이션 압력만 방어하면 그만이었다. 그런데 지정학적 리스크가 더해지면서 인플레이션 압력은 증폭되고, 동시에 심각한 경기후퇴를 불러

왔다. 즉, 스태그플레이션이 온 것이다. 인플레이션을 잡기 위해 금리를 인상하자니 경기침체가 신경 쓰이고, 경기침체를 잡기 위해 낮은 금리를 유지하자니 인플레이션 압력이 너무 강하다. 미국은 향후 기준금리 인상 속도를 매우 더디게 할 전망이다. 그 어느 때보다 신중하게 통화정책을 결정할 것이다. 이는 한국을 비롯한 주요국 중앙은행의 통화정책에도 영향을 미칠 것이다.

윤석열 정부의 경제정책 방향에는 '스태그플레이션 대응책'이 반영되어야 한다. 구체적으로 살펴보자.

첫째, 핵심 원자재 수급 안정을 우선순위에 두어야 한다. 마그네슘, 리튬, 니켈, 알루미늄 등과 같은 주력 산업의 필수 원자재 수급에 차질이 없도록 외교적 노력을 집중하고, 국내 기업들이 자원개발사업을 확대할 수 있도록 지원해야 한다. 특히, '소부장' 정책(소재·부품·장비 국산화)은 매우 중대한 국가전략임을 잊지 말아야 한다.

둘째, 물가상승에 상대적으로 취약한 영세 자영업자 지원이 요구된다. 쌀 가격이 올라도, 김밥 가격을 올릴 수가 없다. 그렇지 않아도 손님이 없는데 어떻게 가격을 올릴 수 있겠는가? 즉, 가격 전가 능력이 없는 사업자들을 위한 지원책을 마련해야 한다.

마지막으로, 저소득 서민층을 위한 물가안정책도 마련해야 한다. 같은 물가상승도 엥겔지수가 높은 저소득층에게 그 충격은 가혹하다. 그들은 고용도 불안하고, 소득도 주는데 물가만 치솟는 경제적 상황에 놓여있다. 저소득층을 위한 식료품 및 에너지 바우처를 확대하거나, 공공근로사업 등을 통한 안정적 소득지원 방안도 마련해야 한다.

5

미국 금리 인상 뜯어보기

놀부와 흥부가 살던 시절의 이야기다. 놀부의 금고에는 돈이 넘쳐났다. 어느 날 흉년이 들어 마을 전체의 살림살이가 어려워졌다. 그러자 놀부는 곳간에 있는 돈을 자식들에게 마구 퍼주기 시작했다. 놀부 자식들은 아버지가 준 돈으로 쌀도 사고 옷도 사면서 흉년에도 그럭저럭 잘살 수 있었다. 놀부는 혹시나 하는 마음에 자식들에게 주는 돈의 양을 더 늘렸다. 그러자 놀부 자식들은 돈을 쓰고도 많은 돈이 남았다. 곳간에서 인심 난다고 놀부 자식들은 이 돈을 흥부 자식들에게 꿔주기 시작했다. 가난한 흥부네 자식들은 놀부 자식들에게 돈을 꿔서 근근이 흉년을 버텨갈 수 있었다.

그러던 어느 날 놀부 금고에 돈이 비어가자 돈 욕심이 생긴 놀부가 자식들에게 주던 돈을 줄였다. 그러자 놀부 자식들은 자신들의 씀씀이를 줄이는 게 아니고 흥부 자식들에게 꿔준 돈을 회수하기 시작했다. 가난했던 흥부네 자식들은 놀부 자식들이 빌려준 돈을 갚으면 다시 먹고살기가 어려워지는 상황이었다. 흥부네 자식들은 놀부네 자식들에게 이자를 더 쳐 줄 테니 돈 갚는 기한을 연장해 달라고 사정하고 있다.

놀부 자식들은 아버지의 눈치를 보고 있다. 놀부가 주던 돈의 양을 줄이는 데 이어 준 돈을 다시 달라고 하면 그땐 인정사정없이 흥부네 자식들에게 빌려준 돈을 받아와야 한다. 놀부가 양을 줄이는 것을 주춤할 것 같으면 흥부네 자식들에게 이자를 더 받고 계속 빌려주는 것이 좋을 수도 있다. 흥부네 자식들은 놀부 자식들 눈치를 본다. 그들이 언제 돈을 달라고 할지 몰라 노심초사하고 있다.

미국은 놀부네 집, 한국은 흥부네 집이라고 생각하면 미국에서 진행되고 있는 '통화긴축'이 어떤 의미를 갖는지 파악할 수 있다. 미국의 긴축은 테이퍼링Tapering부터 시작됐다. 테이퍼링은 '점점 줄어들다'라는 뜻을 가진 영어 단어다. 이 단어를 벤 버냉키 전 미국 연방준비제도Fed 의장이 지난 2013년 의회에서 시중에 푸는 돈의 양을 줄이는 뜻으로 언급하면서 통화정책 용어로 탈바꿈했다. 미국은 2008년 금융위기로 경제가 극심한 침체를 거듭하자 금리를 0% 수준까지 내린 후, 그것도 모자로 Fed가 돈을 무지막지하게 풀었다. 그 결과 미국 경제는 회복국면에 접어들었다. 이후 Fed는 시중에 공급한 돈의 양을 점점 줄이는 테이퍼링 절차를 밟았다. 테이퍼링이 마무리된 다음에는 금리를 올렸다.

그때 재미를 톡톡히 본 미국은 2020년 코로나19 사태로 경제가 어려워지자 '무제한 양적완화' 카드를 또다시 꺼내 들었다. 이때부터 미국은 매월 1,200억 달러(약 140조 원)의 채권을 Fed가 매입하는 방식으로 시중에 자금을 공급했다. 중앙은행이 시중에 있는 국채와 주택저당증권MBS을 사면 채권은 중앙은행으로 들어가고 중앙은행이 찍어낸 돈은 시중에 흘러 들어간다.

이 돈은 일단 미국 사람들 호주머니로 들어간다. 그다음 전 세계로 여행을 한다. 미국 달러화는 전 세계에서 통용되는 기축통화다. 미국 기업이 우리나라 물건을 사고 달러를 지급하면, 이 달러는 우리나라로 들어온다. 미국 금융회사가 달러를 들고 와서 우리나라 주식과 채권을 살수도 있다. 달러는 우리나라뿐만 아니라 중국으로 유럽으로 아프리카로 전 세계로 흘러간다. 이렇게 미국은 자기나라 경제를 살리기 위해 달러를 찍어내 전 세계로 유통했다. 만약 미국이 찍어낸 달러가 미국에만 머무른다면 미국의 물건값은 크게 올랐을 것이다. 하지만 미국 달러가 전 세계로 퍼지면서 미국의 물가는 안정되었고, 그 찍어낸 달러로 경제를 부활시키는 두 마리 토끼를 잡았다. 이런 통화정책은 기축통화를 발행하는 국가인 미국만이 가능한 일이다.

우리나라를 비롯한 많은 나라들은 미국이 발행한 달러를 받아 창고에 쌓아놓고 있다. 이 달러를 기반으로 자기나라 통화를 찍어내 유통하기도 한다. 양적완화 시대에는 미국이 전 세계의 중앙은행으로 변신하는 셈이다. 기축통화라는 패권이 있기 때문에 가능한 일이다. 그만큼 세계경제에서 달러의 권력은 막강하다.

하지만 미국이라고 돈 찍어내는 것을 영원히 할 수는 없다. 경제가 회복되고 시중에 풀린 돈이 물가 상승으로 돌아오기 시작할 때 미국은 돈 찍어내는 양을 조금씩 줄여나간다. 제롬 파월 연방준비제도 의장은 지난 2021년 11월 4일 통화 공급 물량을 매월 150억 달러(17조 원)씩 줄여나가기로 했다고 발표했다. 이렇게 줄여나가면 2022년 6월에는 양적완화로 돈을 공급하는 양이 0이 된다. 더 이상 새로운 돈을 찍어 유통하지 않겠다는 뜻이다. 미국 기업과 개인들은 더 이상 정부와 중앙은행으로부터 돈을 받기가 어렵게 됐다. 그동안 중앙은행이 풀은 돈을 받아 투자하고 소비했던 것들도 이제는 온전히 자신이 번 돈으로 충당해야 한다.

테이퍼링 다음에는 금리 인상이다. 미국 Fed는 2022년 3월 기준금리를 0.25%p 올렸다. 돈 푸는 양을 줄이고, 그다음으로 금리를 올려 돈의 양을 줄이는 것은 통화정책의 기본 순서다. 이때 미국 사람들이 쓸 수 있는 돈의 양은 더욱 줄어든다. 미국은 2023년까지 계속 금리를 올릴 예정이다. 돈 풀던 시대에서 돈줄을 죄는 시대로 180도 달라지는 것이다.

미국이 돈을 죄면 어떤 일들이 벌어질지 예측해보자. 일단 미국 중앙은행이 돈줄을 죄면 미국 사람들은 자신들이 해외 곳곳에 투자하거나 빌려줬던 돈을 다시 받아오려고 할 것이다. 미국 사람들 입장에서는 돈의 양이 줄어들면, 소비와 투자를 줄이기에 앞서 해외에 있는 돈을 다시 가져다 쓰는 것이 먼저다.

그렇다면 그들은 어디서부터 돈을 뺄까? 몇 가지 원칙이 있을 것 같다.

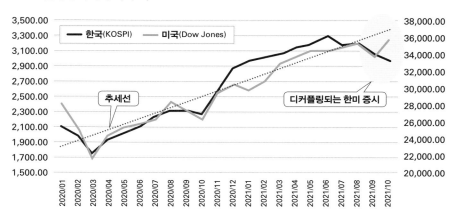

■ 한국과 미국 주가 추이

해외 주식에 투자한 미국 사람들은 주가가 가장 많이 떨어질 것으로 예상되는 지역부터 돈을 뺀다. 입장 바꿔 생각해보면 당연한 일이다. 또 미국 사람들이 해외에 투자할 때는 다른 나라 통화로 바꿔 투자한다. 이때 투자한 나라의 통화가치가 급속히 하락한다면 큰 손해를 입게된다. 통화가치의 급락이 예상되는 나라도 돈을 먼저 빼야 하는 나라에 속한다. 또 돈을 빌려준 국가나 기업이 파산할 가능성이 예상된다면 서둘러 돈을 뺄 것이다. 이렇게 연준의 테이퍼링과 금리인상이 시작되는 순간, 미국 사람들은 어디서부터 돈을 뺄 것인지에 대해 주판알을 굴리기 시작한다.

연준의 긴축 선포는 미국 사람들이 돈을 뺄 준비를 하라는 신호다. 문제는 미국 투자자들이 특정 국가에서 돈을 빼면 그 나라의 금융시장은 더 불안해진다. 그럼 돈 빼는 속도가 더 빨라진다. 결국 이런 현상이 반복되는 악순환이 벌어진다. 그러다 보면 일부 국가는 빠져나가는 달러를 감당하지 못해 국가부도 사태를 경험하기도 한다. 우리나라도 1997년에 달러 자금 이탈을 감당하지 못해 국가부도 사태를 경험했다.

눈치 싸움은 미국 달러가 들어와 있는 국가 사이에서도 치열하게 벌어진다. 일단 달러가 빠져나가지 못하게 하는 것이 급선무다. 빠져나가는 것을 막지 못한다면 충격을 최소화하기 위해 달러 자금 이탈 속도를 줄이는 게 중요해진다. 다른 나라보다 금리를 빨리 올리는 국가들이 생겨나는 것도 이 때문이다. 러시아, 브라질, 멕시코 등 신흥국 중앙은행들은 기준금리를 대폭 올려 자금 이탈을 막고 있다. 개발도상국에서 금리를 올리면 경제에 타격을 입는 것이 불가피하다. 그래도 빠져나가는 달러를 붙잡아 놓는 것이 먼저다.

우리나라도 예외는 아니다. 우리나라 한국은행은 2021년 8월 기준금리를 한 차례 올렸고 같은 해 11월 말과 2022년 1월에도 기준금리를 올렸다. 이렇게 한국을 포함한 개발도상국들이 금리를 잇달아 올리는 것도 테이퍼링 시국에 자본 이탈로 인한 피해를 최소화하려는 정책적 노력이다.

미국의 통화정책은 각국의 금융시장에도 큰 영향을 미친다. 미국이 양적완화로 돈을 풀 때는 우리나라 증시는 미국시장과 비슷한 흐름을 보였다. 미국이 오르면 따라 오르고 미국이 빠지면 같이 하락했다.

그런데 미국이 긴축 기조로 돌아서면 미국시장은 올라도 우리나라 증시는 빠지는 날들이 부쩍 많아진다. 긴축 신호가 뚜렷해지면 세계 각국의 자금이 미국으로 자금이 몰려갈 것이기 때문에 미국 증시에는 유동성이 단기적으로 늘어난다. 유동성이 늘어나면 미국 주식시장에는 호재가 된다. 반면 자금이 빠질 위험이 있는 미국 아닌 다른 나라 입장에서는 긴축은 분명 악재다. 이런 점을 이해하면 미국과 우리나라 증시가 엇갈리게 움직이는 현상이 어느 정도 이해가 된다.

미국의 긴축 속도가 빨라지면 이런 '디커플링' 현상은 더 심해진다. 미국은 어디서 돈을 빼갈지 연구할 것이고, 다른 나라들은 빠져나갈 달러를 지키기 위해 몸부림칠 것이다. 미국이 돈을 세계에 뿌릴 때는 모두가 달콤한 맛을 즐겼지만, 미국이 태도를 바꿔 돈을 거둬갈 때의 고통은 매우 크다. 마치 미국이 주도하는 오징어 게임에 전 세계가 참여하는 것 같은 국면으로 보인다. 즉, 미국의 '이기적'인 통화정책으로 전 세계가 고통을 받는 역설적인 현상이다.

6

정부의 '속임수' 경제정책 똑바로 보기

"중국 베이징 올림픽에서 개최국 프리미엄과 편파 판정을 제외한다면 중국의 성적은 달라졌을 것이다." 동계올림픽을 시청한 많은 사람들이 동감하는 말이다. 베이징 올림픽 여자 피겨스케이팅에서는 도핑 논란이 있었다. 우승 후보로 지목된 러시아 여자 선수가 도핑 판정을 받았다. 그는 대회 참여는 했지만, 결국 정신적인 충격을 극복하지 못하고 메달 권에서 탈락했다.

이처럼 편파 판정과 금지 약물 복용 등 스포츠 정신을 훼손하는 행동을 모두 제외한다면 경기는 오직 실력에 따라 좌우된다. 역설적이지만 스포츠 정신을 가장 강조하는 올림픽 역사에서 완전히 공정한 게임을 찾기는 쉽지 않다. 다시 말해 도핑과 편파 판정에 따른 잡음이 없었던 대회가 손에 꼽을 정도라는 의미다. 설사 도핑과 편파 판정으로 경기를 한 번은 이겼다고 해도, 그 말로가 좋지 않았던 것도 올림픽의 역사가 보여주는 진실이다.

실물경제도 마찬가지다. 한 국가경제의 근본 실력은 노동, 자본, 기술에서 판가름 난다. 노동과 자본의 양이 많고 기술이 뛰어나면 경제의 근본 실력이 탄탄하다고 볼 수 있다. 이런 경제의 성적표는 한 경제가 만들어내는 물건의 양과 질로 평가할 수 있다. 실력이 뛰어난 경제는 좋은 물건을 많이 만들어낸다. 이를 지표로 만들어낸 것이 '잠재성장률'이라는 개념이다. 잠재성장률이란, 한 나라가 보유자원과 기술을 효율적으로 활용했을 때 달성할 수 있는 성장률이다. 잠재성장률이 높다는 것은 앞으로 좋은 물건을 더 많이 만들어낼 가능성이 크다는 의미다.

우리나라 경제의 실력도 잠재성장률로 가늠할 수 있다. 한국은행 보

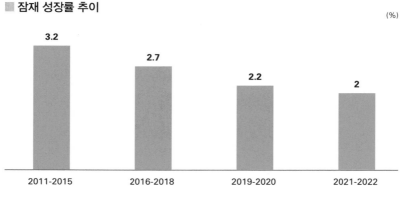

▓ 잠재 성장률 추이

(%)

자료: 한국은행

고서(정원석 등)〈코로나19를 감안한 우리 경제의 잠재성장률 재추정〉에 따르면 2019~2020년 우리나라 잠재성장률은 2.2%로 추정됐다. 이 성장률은 2021~2022년에는 2% 내외로 하락한다. 우리나라가 물건을 100개 만들어낼 수 있는 능력이 있다면 그다음 해에는 102개 정도 만들 수 있다는 의미다. 1년 동안 일할 수 있는 사람인 노동과 자본이 늘어나고 생산기술도 조금씩 발전하기 때문이다. 올림픽에 출전하는 운동선수의 순수한 실력에 해당하는 것이 경제에서는 잠재성장률이다.

운동선수들이 자신의 실력을 과대평가하기 위해 약물을 복용하듯 경제도 실력을 과대포장하기 위해 여러 가지 정책이 가미된다. 대표적인 것이 정부가 추진하는 재정정책과 통화정책이다. 이들 정책은 경제의 기초체력을 늘리기보다는 경제가 침체했을 때 이를 띄우기 위해 일시적으로 동원된다.

도가 지나치면 후유증도 만만찮다. 재정정책은 정부 재정에서 돈을 풀어 경기를 띄우고 필요한 돈은 국채를 발행해 조달하는 것이다. 코로나19가 유행한 이후 우리 정부가 잇따른 추경 예산 편성을 통해 재난지원금을 지급하는 것도 같은 방식이다. 2022년에 재정에서 돈을 풀어 경기를 띄웠다면 다음 해에는 재정 적자가 커져 결국 국민들에게 세금을 거둬 이를 메꿔야 한다. 2022년에는 재정지출 확대로 성장률이 조금 올라갈 수 있겠지만, 내년에 세금을 평소보다 더 거둬들이면 이는 성장률을 떨어뜨리는 요인으로 작용한다. 근육강화제를 통해 2022년의 성적이 좋아진 운동선수가 내년에는 약물 복용 후유증으로 부진한 것과 비슷한 현상이다.

부작용은 여기서 끝나지 않는다. 재정정책으로 경기를 띄우는 방법을 여러 번 동원하면 사람들은 이를 예측할 수 있다. 정부가 2022년에는 지출을 늘리고 다음 해에 세금을 거둘 것이라고 사람들이 예상하면, 정부가 돈을 풀어 민간에 유입되더라도 민간에서는 이 돈을 쓰지 않고 모아둔다. 미래 세금이 늘어날 것에 미리 대비하는 것이다. 이렇게 되면 재정정책의 효과는 눈에 띄게 줄어든다.

또 정부가 재정지출을 늘리는 과정에서 국채를 발행하면 시장에서는 국채 물량이 늘어나 금리가 오른다. 금리가 오르면 민간에서는 투자 비용이 늘어나 결국 투자를 줄이게 된다. 정부가 재정지출을 늘린 것이 민간 투자 감소로 상쇄되는 것이다. 재정지출 확대를 통해 경기를 띄우기는커녕 오히려 경기를 위축시키는 효과가 있을 수도 있다.

중앙은행이 돈을 찍어내 경기를 띄우는 통화정책도 마찬가지다. 중앙은행이 돈을 풀면 사람들은 공돈이 생긴 것으로 생각하고 돈을 쓰게 돼 소비가 일시적으로 늘어난다. 소비가 늘어나면 기업들은 고용을 늘리고 이를 통해 생산도 늘어난다. 이런 과정을 거쳐 단기적으로 침체한 경기가 살아나는 효과가 있다.

하지만 정부가 푼 돈으로 인플레이션이 발생하면 이야기는 달라진다. 사람들이 풀린 돈을 갖고 소비를 하면 물건을 많이 사기보다는 물건값만 오른다. 또 인플레이션이 발생할 것으로 사람들이 예상하면 기업에서 근로자들의 임금 인상 요구도 거세진다. 그럼 기업들은 돈이 풀리더라도 고용을 늘리기보다는 임금을 올려줘야 한다. 정부가 경기를 일시적으로 띄우기 위해 돈을 풀었지만, 실제 경제 현장에서는 생산이 늘어나기보다는 물가만 오를 수 있다. 또 인플레 기대심리가 팽배해지면 향후 정부가 돈을 풀어도 효과를 발휘할 수 없다. 통화정책도 '득보다 실'이 많을 수도 있다는 말이다. 자본주의 경제 역사에서 볼 때도 재정정책과 통화정책은 과하면 언제나 부작용을 가져왔다.

코로나19 사태 이후 한국을 비롯한 세계경제는 각국 정부가 '약물'을 너무 많이 투입한 상태다. 미국부터 천문학적인 돈을 풀어 코로나로 위축된 경제를 살렸다. 유럽, 중국, 일본 등 주변국들도 마찬가지다. 한국도 코로나 이후 재정을 동원해 재난지원금을 여러 차례 뿌렸고, 2022년 들어서도 추경을 편성해 소상공인 손실 보상금을 지급했다. 금리를 낮춰 대출을 대폭 늘렸고 통화량도 매년 10% 이상 늘리면서 돈을 풀었다. 코로나 극복을 위해 꼭 해야 할 것들도 있었지만, 정치권이 선거 등을 의식하고 표를 얻기 위해 무리한 정책을 편 경우도 있었다. 이런 과정을 통해 우리 경제에는 확장적인 재정·통화정책이 일상이 됐다.

그 결과 물가 급등과 재정적자 확대 등 부작용이 나타나고 있다. 문재인 정부 집권 기간인 지난 2017년부터 2021년까지 우리 경제의 실질경제성장률은 평균 2.3%를 기록했다. 그 속을 들여다보면 2020년에는 마이너스 0.9%, 2021년에는 4%의 성장률을 올렸다. 코로나 위축된 경제에 정부의 대규모 부양책으로 성장률은 급상승했지만, 결국 중장기적으로는 실질성장률이 잠재성장률에 수렴하는 것을 보여준다. 윤석열 정부가 들어선 2022년 이후에는 정부의 대규모 부양책의 후유증을 어

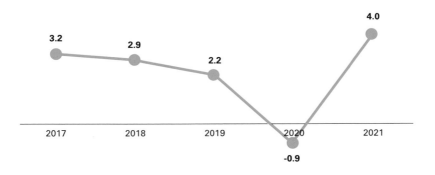

떻게 극복하는지가 우리 경제의 성패를 가르는 잣대가 될 것이다.

투자의 입장에서 실물경제를 보면 어느 정도로 목표를 잡아야 할지 가늠할 수 있다. 평균적인 투자자라면 실질수익률이 잠재성장률 수준을 기록한다면 어느 정도 선방한 것이다. 우리나라에 적용해본다면 연 2~3% 대의 실질수익률이 적정하다고 볼 수 있다.

명목수익률은 잠재성장률에 물가상승률 정도를 더한 것이 될 수 있다. 한국은행은 2022년 우리나라 물가상승률 전망치를 3.1%로 책정했다. 잠재성장률과 물가상승률을 감안하면 투자금액을 기준으로 한 올해 명목투자수익률은 5~6%가 평균적이다. 이 정도의 수익률이 각종 '약물'을 뺀 우리 경제에서 올릴 수 있는 평균수익률로 보면 될 것 같다.

이보다 더 많은 수익을 올렸다면 투자를 잘 한 것이고, 여기에 못 미친다면 투자를 잘 못한 것으로 볼 수 있다. 만약 2021년 주식투자로 100%, 200% 수익을 올렸다면 이는 우리 경제의 실력에 기인한 것이 아니라, 정부의 막대한 돈 풀기 정책에 잘 편승했기 때문이다. 2022년 이후에는 정부가 돈줄을 죌 뿐만 아니라, 과거 무지막지하게 돈을 푼 것에 대한 정책 후유증을 걱정해야 할 시기다. 이럴 때는 수익률 목표치를 보수적으로 잡는 것이 현실적이다.

7

로스차일드 가문에서 배우는
큰부자 되는 방법

오늘날 국제금융을 주름잡는 세력은 두말할 것도 없이 유대인이다. 근대 이후 세계 역사를 이끌어온 핵심 축은 왕이나 귀족이 아닌 상인들이었고, 그 중심에는 유대인이 있었다. 유대인 중에서도 최정점에 있는 가문이 바로 로스차일드다.

로스차일드 가문은 사실 그렇게 잘 알려진 편은 아니었다. 오랫동안 베일에 가려져 있었다. 인터넷에 로스차일드 가문에 관한 내용을 검색하면 유명세만큼이나 아주 상세하게 기술돼 있지는 않다.

철저하게 비밀에 가려진 이 집안이 세상에 드러나게 된 것은 금세기 최고의 석학으로 평가받는 니얼 퍼거슨에 의해서다. 1964년 글래스고에서 태어나 1985년 영국 옥스퍼드 대학을 최우등으로 졸업하고 지금은 미국 스탠퍼드대학 후버연구소 선임연구원으로 있는 퍼거슨에게 로스차일드 가문은 스스로 자신들의 비밀을 공개했다. 완벽한 취재 접근권을 준 것이다. 그동안은 어떤 기자가 물어도 '노코멘트'였는데 퍼거슨 교수에게는 "궁금하면 물어봐라. 다 대답해 줄게" 하는 식이었다.

그렇게 나온 책이 국내에 《로스차일드》란 제목으로 소개됐다. 두툼한 두 권짜리 책이다. 돈의 예언자, 전설의 금융가문이라는 부제가 붙어있다. 게토라는 유대인 집단 거주지에서 우리에 갇힌 가축처럼 살면서 배운 거라곤 《탈무드》밖에 없는 로스차일드. 우리와는 전혀 다른 문화권이며 살아온 시대도 다르지만, 그 당시 세계 최고의 부를 일군 이야기는 현재를 사는 우리에게도 교훈을 준다.

로스차일드가 오늘날 금융 황제의 가문을 일군 비결을 3가지로 요약해봤다.

신용을 소중히 여겨라

로스차일드 가문은 마이어 암셸 로스차일드로부터 시작된다. 그가 창업자다. 1744년생인데 80세 가까운 나이에 사망했으니 당시로는 꽤 장수한 편이다. 로스차일드는 유대교를 빼놓고 설명하기 힘들다. 어린 시절 그의 뼛속까지 파고든 가르침은 신용이었다. 어떤 경우에도 약속은 지켜야 한다는 건 몸속 세포에 새겨진 유전인자나 다름없었다. 독일 프랑크푸르트에서 중고품을 파는 소상공인으로 출발해 하노버의 오펜하이머 상사의 직원으로 견습 생활을 하고, 이후 희귀한 고대 동전을 모아 귀족과 왕실 가문에 판매하는 사업을 하기까지, 그의 비즈니스와 삶을 지배한 건 신용 하나였다. 그가 이때 창안한 아이디어가 카탈로그 판매인데, 당시로서는 혁신적인 마케팅이었다. 직접 물건을 보여주고 파는 게 아닌 만큼, 신용을 잃었다면 이후에 어떤 사업도 할 수 없었을 것이다.

그가 26세 때 헤세-카슬의 빌헬름 왕자를 만나 그의 궁정유대인 Hoffaktor로 고용되는데, 이 둘의 신용 이야기는 로스차일드 가문의 전설이 됐을 만큼 유명하다. 1806년 프랑스의 나폴레옹이 헤세 카슬을 침공하겠다고 예고하자, 빌헬름 왕자는 급히 도피하면서 모든 재산을 로스차일드에게 맡긴다. 로스차일드는 전쟁이 끝나고 빌헬름이 돌아왔을 때 그가 숨겨두었던 보물과 재산을 손 하나 대지 않은 모습으로 돌려준다. 감동을 한 빌헬름은 20년 동안 왕실 예금을 로스차일드에 예탁하고 2%의 이자만 받겠다고 했다. 이는 로스차일드 가문이 성장하게 되는 출발점이었다.

뭉치면 살고 흩어지면 죽는다

암셀은 1812년에 사망했다. 그는 나이가 들고 병세가 깊어지자 5명의 아들을 부른다. 그때는 그가 죽기 2년 전이었다. 아들들에게 이런 유훈을 남겼다.

'형제끼리 항상 단합하고, 딸과 사위는 사업 참여를 배제하라.'
'호감을 사지 못하겠거든 남들이 너희를 두려워하도록 만들어라.'

'지위가 아무리 높은 사람이라도 유대인과 금전적 관계를 맺게 된다면 그 역시 우리와 같은 민족이 된다는 것을 명심하라.'

암셸은 형제간의 단합을 가장 강조했다. 사실 그는 아들들을 유럽 곳곳에 흩어놓았다. 큰아들은 자신과 같이 프랑크푸르트에 있고, 둘째 잘로몬은 빈, 셋째 나탄은 런던, 넷째 칼은 나폴리, 다섯째 제이콥은 파리에서 비즈니스를 했다. 이들은 단합을 위해 서로 긴밀하게 정보를 주고받으면서 비즈니스를 했다. 그때 이용했던 게 비둘기다. 그들은 나라별로 다른 수수료와 환율의 차이를 이용한 차익거래와 채권발행 업무 등으로 사업을 확대하면서 금융이라는 새로운 업을 탄생시켰다. 이는 그동안 토지를 기반으로 했던 유럽 중세의 시스템을 완전히 붕괴시키는 결과를 낳았다. 로스차일드 가문의 문장紋章이 다섯 개의 화살을 하나로 묶은 모양으로 되어 있는데, 이 또한 단합을 상징하는 것이다.

정치권력과 맞서지 말라

동서고금을 막론하고 돈을 벌고 지위가 높아지면 일반인의 시기를 받기 마련이다. 로스차일드 역시 유럽의 거의 모든 사업을 독점하고 권력과의 유착이 빚어지면서 사회적 비판을 받기 시작한다. 그때가 1,800년대 중반인데, 유럽 대륙에서 전제군주제의 철폐를 요구하는 혁명의 열기가 후끈 달아오를 때였다. 당시 민중들은 "이제 로스차일드 가문의 모든 재산은 3,333,333명의 가난한 직공들에게 나눠줄 때가 되었다"고 외쳤다.

당시 교황이었던 피우스 9세의 한탄이 로스차일드가 직면한 현실을 함축한다. 그는 "이상적인 것은 로스차일드 사람을 화형에 처하는 것이지만, 현실적인 것은 오늘도 그들과 저녁 식사를 같이 해야 한다는 것이다"라고 말이다.

로스차일드 저택과 사업체에 대한 약탈과 파괴가 계속되자 유럽대륙에 있던 가족들은 영국으로 피신을 가게 된다. 아일랜드에 기근이 발생하자 막대한 구호금을 기부하기도 했다. 그러면서 로스차일드 가문은 유럽 귀족사회와 정치권력에 동화되기 시작했다. 르네상스 시대 이탈리아의 메디치 가문을 벤치마킹하면서 예술에 대한 후원도 시작했다.

그런데도 민중의 분노는 쉽게 가라앉지 않았다. 대중을 업은 정치권력에 로스차일드는 좋은 먹잇감이었다. 히틀러가 로스차일드 가문이 소장한 예술품 3,500점을 탈취한 것이라든지, 프랑스의 미테랑 사회주의 정권이 로스차일드 프랑스 은행을 국유화한 것이 대표적 사례다. 이런 일들이 아무런 저항 없이 단행됐다.

지금도 정치는 여전히 돈 가진 부자에 대해 뻔뻔하다. 로스차일드 가문은 다음과 같은 유명한 말을 남겼다.

"정치권력에 대항해 이길 수 있는 자본권력은 없다."

8

기준금리 인상의 정치경제학

어느 날 신이 물었다.

"미래를 알고 싶은가?"

신의 질문에 한 사람이 대답했다.

"물론입니다."

그러자 신은 "그럼 미래를 한 가지만 알려줄 테니 뭘 알고 싶은지 얘기해보라"고 말했다. 그는 조금 생각하다가 "미래의 중앙은행 회의록을 보고 싶습니다"라고 답했다. 그는 통화정책의 미래를 안다면 떼돈을 벌 수 있다고 확신한 투자자였다.

한국은행 금융통화위원회는 2021년 8월부터 기준금리를 올리고 있다. 기준금리를 올리면 각 경제주체는 즉각적으로 반응한다. 은행은 예금금리를 올리고 대출금리도 올린다. 빚내서 집을 사거나 주식, 가상화폐에 투자한 '영끌족'은 아우성친다. 부동산시장에서는 팔겠다는 사람들이 갈수록 늘어나고 있다. 외환시장과 주식시장도 한국은행 금통위의 움직임에 한층 더 주목한다. 금리를 내릴 때보다 금리를 올릴 때 한국은행 금통위의 존재감은 더 커진다.

그만큼 자본주의 경제에서 정책금리의 움직임은 파괴력이 대단하다는 의미다. 경제성장률, 주가, 환율 등 모든 지표가 기준금리 변화에 따라 출렁인다. 금리의 움직임만 정확히 예측한다면 무수히 많은 투자 기회를 잡을 수 있다. 금리를 결정하는 통화당국과 이를 어떻게든 맞춰보려는 시장의 눈치싸움이 치열하게 벌어지는 이유다.

이처럼 투자의 기본은 기준금리의 흐름을 예측하고 분석하는 것에서 시작한다. 이 일은 어떨 때는 쉽고 어떨 때는 매우 어렵다. 시험에서도 어려운 문제를 풀어야 변별력이 생기는 것처럼 시장에서도 불확실성이 커질 때 투자자들의 실력이 드러난다.

예를 들어 2021년 11월 금통위의 결정은 아주 쉬운 문제였다. 금통위가 이전에 여러 차례 예고를 했고 시장은 이를 반영해 미리 움직였다. 모든 경제주체들이 금리 인상을 예상하고 사전에 행동했다. 그 결과 금통위가 기준금리를 0.25%p 올린 날 시장 금리는 오히려 떨어졌다. 당시 3년 만기 국고채 금리는 0.06%p 떨어졌다. 10년 만기 국고채 금리도 같은 날 0.03%p 하락했다. 기준금리를 올린 이후 시장금리가

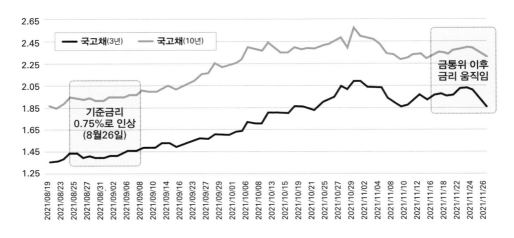

■ 국고채 금리 추이

떨어졌다는 것은 그만큼 시장이 금리 인상을 예측해 미리 반응했다는 얘기다. 모든 사람이 동일한 방향으로 예측한다면 안전한 투자를 할 수 있지만 수익이 큰 투자 기회를 찾기는 어렵다.

　반면 금통위가 평소의 신호와 다른 의사결정을 할 때도 있다. 이럴 경우에는 금리 흐름을 제대로 예측했다면 큰돈을 벌 수 있는 기회가 생긴다. 지난 2013년 5월 한국은행은 금리 동결 신호를 보내다가 정작 금통위가 열린 당일에는 금리를 0.25%p 내렸다. 시장에서는 이를 '금통위의 반란'이라고 불렀다. 동결을 예상했던 시장은 뒤통수를 맞았다. 금리 동결에 베팅했던 투자자들은 손해를 입었다. 반대로 금통위가 금리를 내릴 것이라는 데 베팅한 투자자는 한몫 단단히 챙겼을 것이다.

　월드컵 경기가 열릴 때 세계 도박사들은 우승팀 예상에 대한 배당을 발표한다. 만년 우승 후보로 꼽히는 브라질, 독일 같은 나라는 배당률이 낮다. 반면 우리나라처럼 우승을 못 할 것으로 예상되는 국가의 배당률은 수천 배 수만 배가 된다. 우리나라가 우승할 것이라고 예상해 거기에 돈을 걸어서 실제로 우승했다면 베팅한 금액의 수만 배를 버는 식이다. 금리 예측을 통해 투자를 하고 투자 수익을 올리는 과정도 이와 별반 다르지 않다.

투자를 통해 돈을 벌어보겠다고 생각한다면 미래의 기준금리 예측은 필수적인 과정이다. 그런데 통화정책 방향을 예측하는 것은 매우 어렵다. 그렇다면 금리를 예측하기 위해서는 무엇을 봐야 할까?

먼저 경기 흐름을 봐야 한다. 경기가 위축될 때는 기준금리를 내려 경기를 띄우고, 경기가 과열 조짐을 보이면 금리를 올려 경기를 진정시키는 것이 통화정책의 기본이다. 물가도 기준금리 결정과 직접적인 관련을 갖는다. 물가가 과도하게 오르면 금리를 올려 물가를 잡고, 물가가 낮으면 금리를 낮추는 식이다. 보통 경기가 과열일 때 물가는 오르고, 경기가 침체기일 때 물가는 떨어지는 경향이 있다. 이처럼 경기와 물가 흐름을 관찰하다 보면 금리의 흐름을 예측할 수 있다.

어떤 때는 경기가 위축되면서 물가가 오를 때도 있다. 이때는 금리 흐름을 예측하기가 매우 어려워진다. 2022년 들어 우크라이나 전쟁 등의 영향으로 국제유가가 빠른 속도로 올랐다. 유가 급등은 원유 수입국인 우리나라의 생산비용을 과도하게 증가시키고 이는 경기 둔화를 가져오는 원인이 된다. 이럴 경우 경기는 침체국면에 접어들고 물가는 오르는 '스태그플레이션' 상황이 벌어진다. 여기서 만약 금리를 올리면 경기는 더욱 위축되고, 금리를 낮추면 물가가 과도하게 오르는 정책적인 딜레마에 처하게 된다. 통화정책과 관련해 불확실성이 극대화되는 요인으로 작용하는 것이다.

정치적인 상황도 고려해야 한다. 우리나라는 대통령 선거, 국회의원 선거, 지방자치단체 선거 등이 번갈아 가며 실시된다. 선거를 앞두고 있으면 정부와 여당은 표를 의식할 수밖에 없다. 경제정책도 표를 얻기 위한 수단으로 생각하는 것은 어쩌면 당연한 일이다. 표를 얻기 위해서는 정부가 돈을 풀어야 한다. 정부가 재정에서 돈을 풀기 위해 국채를 발행하면, 한국은행은 이를 인수하는 방식으로 시중에 유동성을 공급한다. 정부가 재정에서 돈을 푸는데 금통위가 금리 인상으로 돈줄을 죈다면 정책 효과는 반감된다. 선거를 앞둔 통화당국이 금리를 올리기 쉽지 않은 이유다.

정부가 부동산값 안정과 같은 특정 정책목표에 올인하는 경향을 보일 때도 통화정책은 영향을 받는다. 부동산값을 안정시키기 위해서는 금리를 올려 돈줄을 죄는 것이 효과를 발휘할 수 있다. 정부가 재정지출 확대를 통한 표 확보와 돈줄 죄기를 통한 부동산값 안정이라는 서로 양립하기 어려운 두 개의 목표를 갖고 있을 때도 통화정책은 한층 어려워진다. 문재인 정부는 직접적인 은행 창구 지도를 통해 대출을 조임으로써 부동산시장으로 흘러가는 돈의 흐름을 막았다. 금융당국이 은행들에게 대출증가율을 제시하고, 이 비율을 넘어서면 대출을 중단하도록 요구하는 방식이다. 그러다 보니 정작 필요한 사람들이 대출을 못 받게 되는 현상이 벌어지는 등 대출규제 정책에 대한 부작용이 확대됐다. 정부가 '재정지출 확대'와 '집값 안정' 사이에서 어떤 입장을 취할 것인지가 금통위의 통화정책과 직결될 수밖에 없는 상황이다.

대외변수도 통화정책과 밀접한 관련이 있다. 우리나라는 세계 10위권의 경제 규모를 갖고 있지만, 자본시장은 선진국에 비하면 상당히 왜소하다. 한국은행에 따르면 2019년 기준으로 전 세계 외환상품 거래 규모는 7,850조 원에 달한다. 이 중 우리나라의 비중은 0.7%에 불과하다. 미국시장이 기침을 하면 우리는 독감에 걸릴 수밖에 없는 구조다. 특히 우리나라는 지난 1997년 미국 달러의 급격한 유출로 외환위기를 겪은 경험이 있다. 우리나라가 외환시장 안정을 위해 500조 원 규모(2021년 10월 현재 4,692억 달러)의 외환보유고를 갖고 있지만, 전 세계 일평균 외환거래량의 10%도 안 되는 수준이다. 이 때문에 미국 등 선진국의 통화정책 방향은 우리에게 매우 중요하다. 미국은 시중에 돈을 푸는 양을 점점 줄여가는 테이퍼링에 이어 기준금리도 계속 올리고 있다. 미국이 금리를 올린다면 우리나라에 들어온 외국자본은 미국으로 회귀할 가능성이 높고, 이 경우 외환시장은 크게 흔들릴 수 있다. 우리나라 입장에서는 외환시장을 안정시키기 위해서는 기준금리를 올려 외국자본의 이탈을 막아야 한다.

2020년부터 본격화된 코로나19 변수도 불확실성을 키우는 요인이다. 코로나19 바이러스는 계속 변이를 일으키며 전 세계 사람들을 불안에 떨게 만들었다. 코로나 상황이 진정되면 경제는 본궤도로 돌아오겠지만, 코로나 바이러스가 다시 기승을 부리고 각국의 방역조치가 강화된다면 경제는 다시 한번 얼어붙을 수밖에 없다. 그렇다면 다시 돈을 풀어 경제를 살려야 한다는 목소리가 커질 것이다. 코로나 상황이 심각해진다면 기준금리를 더 이상 올리기 어려운 상황이 벌어질지도 모른다.

기준금리를 둘러싼 통화정책은 경제적 상황은 물론 정치적 상황, 대외변수, 코로나 상황까지를 고려해 실시될 것이다. 한때 금통위의 금리 정책에 대한 전망은 일차방정식을 푸는 정도의 난이도였지만, 앞으로 통화정책에 대한 예측은 3차, 4차 방정식을 푸는 것처럼 매우 어려운 문제가 될 수 있다. 통화정책을 둘러싼 상황을 섣불리 예단하고 투자한다면 낭패를 본다. 그렇다고 국내외 정치, 경제상황을 너무 예의주시하면서 주판알을 굴리면 투자 기회를 놓치는 우를 범할 수 있으니, 신중하되 때로는 과감한 의사결정을 할 수 있는 자세가 요구된다.

9

투자의 역설,
공급망 리스크는 투자 기회

투자를 할 때 리스크는 항상 뒤따른다. 재밌는 것은 리스크는 모두에게 한 방향으로 작용하지 않는다는 점이다. 기업이든 투자자든 리스크를 인지하느냐, 그리고 어떻게 대응하느냐에 따라 리스크는 기회가 될 수도 있다.

2021년 이후 본격화하고 있는 공급망 리스크를 살펴보자. 공급망 병목현상이 장기화하고 있는데, 이는 차량용 반도체나 요소수 사태가 아니라도 공급망 대란의 형태와 품목은 얼마든지 확대될 수 있다.

공급망 대란의 배경은 매우 다양하다. 세계경제가 2021~2022년 뚜렷하게 회복되면서 수요가 폭증한 것도 배경이고, 그러한 수요를 예측하지 못한 것도 이유가 된다. 기후 문제나 화재 등과 같은 일시적 요인들도 공급망 대란을 부추겼다.

장기적이고 구조적인 요인들도 함께 맞물렸다. 구조적 요인으로 발생하는 배경에는 특히 주목할 필요가 있다. 거스를 수 없는 흐름을 포착할 수 있기 때문이다. 거스를 수 없는 물결에는 반드시 유망산업이 존재하기 마련이고, 그 산업을 이끄는 기업도 존재한다.

공급망 대란의 첫 번째 구조적 요인은 친환경 산업으로의 전환이다.
'다시는 돌아올 수 없는 강을 건너야만 한다'는 국제기구들의 기후변화 대응에 대한 경고는 위협적이기까지 하다. 주요국의 배기가스 규제를 비롯한 환경규제가 강화되고 있고, 탄소국경조정세제와 탄소세 적용에 관한 논의가 집중적으로 이루어지고 있다. 세계 주요국들은 이미 탄소중립을 선언했고, 탄소중립 목표 시기를 경쟁하듯 앞당기며 법제화를 추진하고도 있다. 특히 탄소배출권 거래제의 도입이 가속화하고 있는데, 한국은 이미 유상할당 비중을 높인 상황이다. 이제 친환경적 노력은 이윤 극대화에 반하는 것이 아니라, 그러한 재무적 목표를 이루기 위한 필수조건이 되었다. ESG 경영이 새로운 경영 패러다임이 되었다는 의미다.

산업의 구조적 움직임은 원자재 시장을 움직이고 있다. IEA국제에너지기구는 석탄과 같은 화석연료의 수요를 누르고, 친환경 산업에 필수 소재인 주요 광물자원 수요가 급증할 것으로 전망한다. 태양광, 풍력, 스마트그리드, 전기차 배터리, ESSEnergy Storage System, 에너지저장장치, 수소 산업 등의 영역에 리튬, 흑연, 코발트, 니켈, 희토류 등의 광물자원의 품귀현상이 나타나고 가격도 급등하고 있다.

둘째, GVCGlobal Value Chain에서 RVCRegional Value Chain로의 전환이다.

이른 바 주력산업의 내재화 전략Internalization Strategy이라고도 불린다. 산업계는 해외 부품 수급의 차질로 선진국의 완제품 생산 공정에 차질이 빚어지면서, 자동차, 가전제품, 위생용품, 의료장비 등과 같은 다양한 산업에 걸쳐 글로벌 분업구조가 유리하지 않다는 것을 깨달았다. 특히, 미국, 중국, 대만, 유럽 등의 반도체 강국들이 반도체의 전 품목과 전 공정을 내재화하는 데 경쟁력을 집중하면서 '반도체 신냉전 체제'에 진입하고 있다. 실제 2021년 해외직접투자가 고소득 국가로 편중되게 유입되었다. 테슬라를 비롯해 폭스바겐, 도요타 등이 차량용 반도체 자체 개발에 나섰고, 현대차그룹도 반도체 내재화를 추진하기 시작했다.

이러한 글로벌 분업구조의 대전환은 공급망 리스크를 완화하기 위

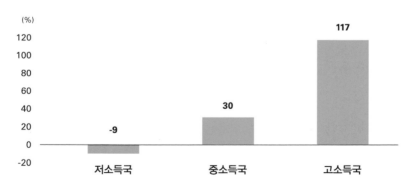

■ 해외직접투자(FDI Inflow) 증감

주: 2020년 1~3분기 대비 2021년 1~3분기 해외직접투자 증감률 계산
자료: UNCTAD(2021.10) 「Investment Trends Monitor」

한 국가들의 대응이지만, 세계적으로 보면 오히려 자원전쟁을 일으키는 리스크 요인으로 작용한다.

셋째, 미중 기술패권 전쟁은 공급망 리스크의 장기화를 예고하고 있다.

바이든 대통령은 2022년에는 11월에 치러질 중간선거를 앞두고 중국을 더욱 강경하게 대할 가능성이 커졌다. 특히, 미국 국민의 중국에 대한 비호의적 정서가 역사상 최고 수준을 기록했기에, 떨어진 지지율을 올리기 위한 정치적 목적으로도 바이든은 미중 패권전쟁을 적극적으로 활용할 것으로 전망된다.

시진핑 주석도 2022년 하반기에 20차 중국 공산당 대회에서 3연임을 확정하기 위해 미국의 맹공에 강 대 강으로 맞설 것으로 보인다. 트럼프 시대의 미중 갈등은 국가 대 국가의 싸움이었지만, 바이든 시대는 진영 대 진영의 싸움이다. 제2의 사드 보복 사태가 재현될 수도 있다. 미국 우방국 입장에서는 중국과 중국 우방국들로부터 원자재와 부품 수급 차질이 발생할 우려가 커지고 있다.

미중 패권전쟁이 장기화하고, 격화됨에 따라 공급망 대란은 상당한 리스크로 부상할 수밖에 없다. 공급망 리스크는 어디까지 확산할까? 특정 국가에 전적으로 의존하는 공급망의 구조상, 수입선이 막힐 경우 대응력이 부족할 수밖에 없다. 중국에 전량 의존하고 있는 마그네슘은 알루미늄 합금에 들어가는 소재로, 자동차, 스마트폰, 전자제품, 건축자재 등으로 사용된다. 이차전지의 핵심 소재인 양극재에 들어가는 수산화

리튬 수입이 막히면, 배터리 생산에 타격이 불가피하다.

공급망 안정은 국가적 의제가 되었고, 공급망 관리는 기업의 경영전략 1호가 되었다. 대표적인 예로 미국무역대표부USTR는 범정부적으로 '무역기동타격대Trade Strike Force'를 설치했다. 미국 공급망을 훼손하는 외국의 불공정 행위를 감시하고, 위기 시 실시간으로 대처하기 위한 만반의 준비를 하는 것이다.

국제개발금융공사DFC는 해외 투자를 확대해 미국의 중요 광물자원의 생산능력을 증대하는 데 집중하고 있다. 기업들도 대응에 나섰다. 밸류체인 전반을 점검하고 대체 수입처를 확보하며, 포트폴리오를 다양화하고 있다. 주요 고부가가치 소재나 부품을 자체적으로 생산하는 방향으로 사업을 다각화하거나, 해외 자원개발 사업을 시도해 미래 산업에 필수적으로 요구되는 원자재를 선점하는 전략을 꾀할 전망이다. 장기적으로 석탄생산은 줄어들고, 비철금속 광물 생산이 증가할 것으로 예상된다.

'공급망 리스크에 투자하라'라는 말을 다시금 새겨보자. 중장기적으로 친환경 산업의 원자재 수요는 늘어날 테지만, 아직 공급은 불안정한 상황이다. 관련 비철금속 원자재 가격 상승세가 당분간 지속할 것으로도 전망된다. 마그네슘, 알루미늄, 리튬 등과 같은 비철금속 원자재 가격에 추종하는 ETF에 투자하는 것을 추천한다.

한편, 해당 원자재 개발 사업을 영위하고 시장 장악력이 있는 기업이나, 광물자원 개발사업에 뛰어드는 기업에 주식투자 하는 것도 추천할 만하다. 반도체, 배터리 등과 같은 주요 부품 생산을 내재화하고, 수급 안정을 도모하는 기업들이 수익성뿐만 아니라 안정성도 동시에 확보하는 행보라고 판단할 수 있다.

10

통화량과 자산가격상승의 법칙

빌딩 옥상에서 공을 던지면 당연히 공은 땅으로 떨어진다. 왜냐고 묻는 것이 오히려 어색할 정도로 모든 사람이 인정하는 자연법칙이다. 복잡한 이론을 만들어 이를 설명하는 것은 물리학자들의 몫이다. 그들의 말을 들으면 뭔가 대단히 복잡하고 이해하지 못할 내용이 생긴다. 하지만 우리가 그 이론을 모른다고 해서 살아가는 데는 아무 지장이 없다.

경제 분야에도 겉으로 보기에 너무 당연한 '법칙' 같은 것이 있다. 경제학자들은 속을 파고들어 설명하지만, 단순한 법칙만 직관적으로 이해해도 경제활동을 하고 투자를 결정하는 데 큰 도움이 된다. 중력의 법칙 같은 경제의 법칙 중 하나가 '돈이 풀리면 가격은 오른다'는 것이다.

조금 더 자세히 살펴보자.

기업이 물건을 만들 때 가격을 결정하는 것처럼 보이지만, 실제 가격은 시장에서 수요와 공급에 의해 결정된다. 마찬가지로 경제 전체적인 물가수준은 경제 내에 존재하는 화폐의 양과 생산하는 물건의 양에 의해서 결정된다. 쉽게 말해 한 경제가 생산하는 물건이 100개고 화폐의 양(통화량)이 총 100만 원이 있다면, 이 경제에서 물건의 평균값은 1만원이 되는 식이다.

물론 개별 물건의 가격은 천차만별이다. 전체 경제에서 평균적인 물가수준은 통화량에 의해 영향을 받는다. 만약 생산하는 물건의 양이 200개로 늘었는데 통화량이 100만 원으로 고정돼 있다면 물건의 평균값은 5,000원이 된다. 즉, 통화량에 비해 생산하는 물건의 양이 많아지면 물건값은 떨어진다.

반대로 생산량은 100으로 변화가 없는데 통화량이 200이 된다면 물건값은 평균적으로 2만 원으로 2배 오른다. 경제 내에서 평균적인 물건

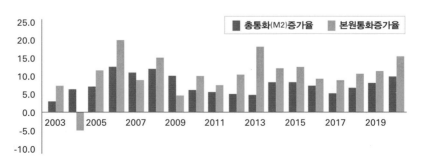

▓ 고공행진하는 통화증가율

값은 물가지수로 표시된다.

노벨경제학상을 받은 화폐경제학의 대가 미국의 밀턴 프리드먼은 이런 현상을 간단한 화폐수량방정식MV=PQ으로 표시했다. 여기서 M은 경제 내의 통화량, V는 화폐유통속도, P는 물가수준, Q는 생산량이다. 화폐유통속도는 경제 내의 복잡한 상황에 따라 달라질 수 있다. 유통속도를 파고들기 시작하면 밤을 새워 설명해도 모자랄 만큼의 복잡한 경제이론이다. 단순화시켜 V가 일정하다고 가정하면 훨씬 직관적이고 명쾌하게 설명할 수 있다. 바로 통화량M이 늘어나면 물가수준P이 오르거나 생산량Q이 올라간다는 것이다.

통화량은 정부와 중앙은행이 관리한다. 정부가 돈을 풀면 물가와 생산량이 올라간다. 어느 것이 더 많이 올라갈지는 경제상황에 따라 다르다. 어떨 때는 정부가 돈을 풀면 생산량이 많이 늘고 물가는 상대적으로 적게 올라간다. 상황이 바뀌면 정부가 돈을 풀어도 생산량은 늘지 않고 물가만 오르기도 한다.

프리드먼의 이론을 한국경제에 적용해 보면 많은 것을 설명하고 예측할 수 있다. 2020년 우리나라 정부와 한국은행은 통화량은 총통화M2, 말잔, 원계열 기준으로 286조 원이나 늘었다. M2는 한국은행이 찍어내는 본원통화에 요구불예금과 저축성예금, 외화예금 등을 합한 양이다. 2020년 M2 기준으로 통화량 증가율은 9.8%에 달했다. 이 중 중앙은행이 찍어내는 본원통화 증가율은 15%나 됐다.

화폐수량방정식에 대입할 경우 돈이 늘어나면 물가와 생산량에 영향을 미쳐야 한다. 그런데 2020년 우리나라의 경제성장률은 마이너스

0.5%를 기록했다. 다시 말하면 생산하는 물건의 양이 줄어든 것이다. 그럼 생산한 물건의 가격P은 어떻게 됐을까? 2020년 소비자물가상승률 은 0.5%에 불과했다. 프리드먼의 화폐수량방정식에 따르면 통화량 증 가율은 경제성장률 + 소비자물가상승률과 대충 비슷하게 맞아떨어져 야 한다. 그런데 2020년의 경우 통화량 증가율(9.8%)은 경제성장률과 소비자물가상승률을 합한 수준보다 훨씬 높았다.

어찌 된 일일까? 정부와 한국은행이 찍어낸 돈이 증발한 것일까? 그 럴 리는 없다. 그렇다면 해외로 빠져나간 것일까? 이것도 말이 안 된다. 우리나라 돈이 국제통화도 아닌데 해외에서 우리 돈을 쓰려고 보유할 일이 없다. 그럼 이 돈은 어디로 갔을까?

자산시장을 생각해보면 얼추 답이 나온다. KB주택가격동향에 따르 면 2020년 전국 주택가격은 8.4% 올랐다. 수도권 주택가격은 10.7% 올 라 상승률이 더 높았다. 아파트에 국한해 보면 전국 아파트값은 2020년 9.7%, 수도권 아파트값은 13.1% 올랐다.

또 다른 자산인 주식값은 어떨까? 코스피 지수 상승률은 2020년 30.7%를 기록했다. 가상화폐값의 상승률은 더 극적이다. 2020년 비트 코인 가격 상승률은 290%에 달했다. 이더리움은 무려 450%나 급등했 다. 부동산, 주식, 가상화폐 등 자산은 핸드폰이나 TV처럼 매년 만들어 내는 것이 아니다. 공급량은 고정돼 있는데 돈이 몰리니 가격 상승폭이 더 커진 것이다.

수많은 전문가들이 집값과 주가 상승의 원인을 분석해 나름대로의 보고서를 내놓는다. 주택시장의 수요공급 분석, 입지분석 등을 내놓고 집값을 전망한다. 주식시장에서도 많은 애널리스트들이 기업의 실적전망과 수급요인을 분석해 주가전망을 한다. 요즘엔 가상화폐 시장의 전문가들도 많이 늘었다. 투자에 관심이 있는 사람이라면 당연히 그들의 세부적인 분석에도 귀를 기울여야 한다. 이와 더불어 경제 전체적인 시야도 키울 필요가 있다.

2021년 우리나라의 자산가격 급등의 이면에는 막대하게 풀린 통화량이 있다는 것은 중요한 사실이다. 통화량이 280조 원이 넘게 풀렸지만, 이 돈은 물건을 생산하는 곳으로 흘러가지 못했다. 그 결과 우리나라의 국내총생산(GDP)은 되레 줄었다. 이 돈이 부동산 주식 가상화폐 시장으로 흘러가면서 자산가격의 폭등을 불러온 것이다.

2020년 우리나라는 정부와 중앙은행이 수많은 돈을 찍어내 경제 내에 쏟아 부었지만, 생산물시장으로 연결되는 흐름이 막힌 결과 자산시장에 돈이 넘쳐나는 현상이 벌어졌다. 280조 원에 달하는 돈이 풀리면서 자산시장을 헤집고 다니니 부동산, 주식, 가상화폐 가격이 폭등하는 것은 어찌 보면 당연한 현상이다.

2021년에는 상황이 어땠을까? 한국은행은 2021년 8월 기준금리를 0.25%p 올렸다. 정부도 그때부터 가계대출 조이기에 나섰다. 시중은행들은 정부의 시책에 부응하기 위해 주택담보대출 금리를 올리고 신용대출 한도를 축소했다. 대출을 아예 중단한 은행도 있다.

정부의 정책은 효과를 발휘했을까? 지표만 놓고 보면 아직 효과가 나타나지 않고 있다. 2021년 M2 증가율은 12.9%로 2020년보다 더 높았다. 2020년보다 413조 원이나 많은 돈을 풀었던 것이다. 정부가 돈줄을 죄는 듯한 모양새를 취했지만, 실상 돈은 시중에 더 풀린 셈이다. 2021년 우리나라 경제성장률은 4%, 소비자물가 상승률은 2.5%를 기록했다. 성장률과 물가상승률을 합해도 통화 증가율에 한참 못 미친다. 이렇게 풀린 돈은 자산시장으로 흘러 들어간다. 자산시장에서 유동성은 항상 재료에 앞선다. 돈이 이토록 많이 풀리는데 집값이 잡힐 리가 없다.

미래의 자산시장 동향을 알고 싶다면 일단 통화량 증가율이 얼마나 되는지부터 살펴보는 것이 순서다. 통화 증가율이 의미 있는 수준으로 줄어들었다면 자산시장에 빨간불이 올 징조다. 만약 통화 증가율이 오히려 늘었다면 긴축하겠다는 정부 정책이 공염불이 되고 있다는 얘기다.

PART 2

주식으로 부자 되는
10가지 법칙

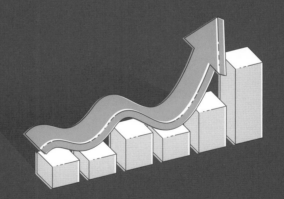

1

위험과 안전 사이:
주가 괴리율의 두 얼굴

국내 투자자들에게 삼성전자는 한국 시가총액 1위 종목이자 애중의 기업이다. '10만전자'를 바라봤던 주가가 2021년 1월 정점을 찍은 이후 약세를 보이고 있기 때문이다. 개인들의 삼성전자 탈출 러시도 본격화되고 있다. 삼성전자의 2021년 9월 말 기준 지분율 1% 미만 소액주주는 518만 8,804명이었는데, 같은 해 말 506만 명대로 12만 명 이상 감소했다. 2022년 1분기까지도 주가가 부진하고 공포가 극에 달했기 때문에 2022년에도 소액주주가 빠르게 감소하고 있다.

그렇다면 이제라도 삼성전자에서 탈출해야 할까?

지난 2018년 6월 20일도 요즘처럼 주식시장에 부정적 기운이 팽배

하던 시기였다. 삼성전자의 목표주가를 직접 계산해보면 주가 하락에 따른 불안감을 어느 정도 누그러뜨릴 수 있다. 반도체·스마트폰·디스플레이·가전·전자장치(하만) 등 삼성전자의 5대 사업회사의 가치를 합산해 적정주가를 평가해보겠다는 취지였다. 여의도에선 이 같은 방식을 'SOTPSum of the Parts 평가 방식을 통한 목표주가 계산'이라고 부르며, 삼성전자처럼 다양한 사업을 갖고 있는 회사를 평가할 때 애널리스트들이 주로 사용하는 방식이다.

삼성전자의 가장 큰 캐시카우(현금창출원)이자 최대 사업부서는 반도체사업이다. 반도체사업은 2018년 당시 예상되는 법인세·이자·감가상각비 차감 전 영업이익(EBITDA, 60조 원)에 목표 EV/EBITDA(3.8배)를 곱해 그 사업부 가치를 228조 원으로 추산했다. 여기서 이익의 배수가 되는 목표 EV/EBITDA가 중요한데, 이는 경쟁사들의 평균값을 적용했다.

지금도 그렇지만 당시에도 삼성전자의 경쟁사는 SK하이닉스, 마이크론, 인텔이었다. 같은 방식으로 스마트폰사업은 애플과 LG전자 등 경쟁사의 시장 지표를 곱해 98조 5,000억 원의 가치를 산출했고, 이외에 디스플레이와 가전은 각각 74조 원, 22조 원의 가치가 산정됐다. 2017년 삼성전자가 인수·합병한 하만의 경우 4조 5,000억 원의 가치를 갖는 것으로 나왔다.

5대 사업의 가치 합산은 427조 원에 달하며, 이를 삼성전자 유통주식 수로 나누면 적정주가는 7만 4,000원이라는 결론에 도달한다. 그래서 당시 주가 대비 목표주가 괴리율이 무려 57%에 달했다. 그만큼 주가가 오를 여지가 있다는 것으로, 주가가 저평가됐다는 판단이 가능하다. 그러나 '4만전자' 시절에도 삼성전자에 대한 투자 심리는 우호적이지 않았다. 이후 삼성전자 주가는 2021년 초 8만 8,800원까지 오른다. 3년도 안 되어서 2배 오른 것이다.

비슷한 상황은 2022년에도 지속되고 있다. 지금이나 당시나 지속적으로 주목해야 하는 것은 회사의 본질가치와 주가의 격차. 본질가치가 높지만 주가가 싸게 거래되는 상황은 주식시장 속성상 지속될 수밖에 없다. 애널리스트들은 주가 보고서를 통해 목표주가를 제시하는데, 주가 약세장에 이 같은 목표주가는 환영받기 어렵다.

투자자들과 데이터를 제공하는 사람들 사이에 격차가 있듯이 회사의 본질가치와 주가는 항상 틈새가 벌어져 있다. 이것을 주가 괴리율이라 부르며, 이는 중장기 투자에 적합하다. 전문가 집단이 회사의 본질가치를 계산해 내놓은 적정(목표)주가에서 현재 주가를 뺀 후 이를 다시 현재 주가로 나눠 백분율로 계산하는데, 만약 목표주가가 1만 원이고 현재 주가가 5,000원이라면 괴리율은 100%가 되는 것이다.

주가 상승기엔 기업의 가치 상승 이상으로 주가가 오르기 때문에 주가 괴리율이 좁혀진다. 그러나 2018년이나 2022년 1분기까지의 약세장에서는 주가 괴리율이 큰 차이가 날 수밖에 없다. 약세장에선 투자 심리가 최악이기 때문에 괴리율이 50%이든 60%이든 투자자들의 눈에 들어오지 않기 마련이다.

미국의 주식시장은 역사가 길고 증권사들의 투자 보고서 작성 이력도 매우 길다. 이들은 수많은 시행착오를 통해 기업과 목표주가 간의 간극을 줄이기 위해 노력한다. 이는 한국 증권사들도 마찬가지이지만, 미국의 자본시장 역사를 따라잡기엔 아직은 역부족이라는 판단이다. 따라서 주가 괴리율을 통한 저평가 주식투자는 미국 기업들이 한국 기업들보다 상대적으로 안전하다고 할 수 있다. 주식시장 상승기에 글로벌 큰손들은 가장 먼저 미국 플랫폼 기업들을 선취매하는 경향이 있으며, 이에 따라 기업가치-주가 괴리율 격차를 빠르게 좁혀간다.

그러나 유의할 점이 있다. 괴리율이 높은 기업들은 안전과 위험 사이를 넘나드는 '양날의 검'이라는 사실이다. 괴리율이 높은 기업은 실제로 저평가됐을 가능성이 있지만, 애널리스트들이 미처 파악하지 못한 기업가치 하락이 있을 수도 있다는 것이다. 테마주의 경우 주가 급등기에 애널리스트의 목표주가가 주가 상승을 따라가지 못하는 경우도 발생한다.

미국 주식 중 옥시덴털페트롤리움의 2022년 1분기 상황이 대표적이다. 이 셰일가스회사는 '오마하의 현인' 워런 버핏이 대량 매수하면서 주가가 급등했다. 단기 투자자라면 이 주식을 사야 하지만, 이미 이 종목 주가는 애널리스트 목표주가를 뛰어넘어 괴리율이 순간적으로 마이너스(-)가 되기도 했다. 이러한 괴리율은 장기 투자자에게 적합하다. 삼성전자가 목표주가까지 가는 데 2년 이상이 걸렸음을 봐도 그렇다.

'서학개미'이자 '글로벌 슈퍼개미'라면 미국 시가총액 상위 종목의 주가 괴리율, 즉 상승 여력을 꾸준히 살펴야 한다. 애플과 같은 기업은 괴리율이 항상 낮은 수준에서 유지된다. 그만큼 애플을 분석하는 애널리스트 수가 워낙 많기 때문에 그 격차가 좁을 수밖에 없고, 실적을 따라 주가도 강한 편이다.

2

초보는 ROA, 중수는 ROE, 고수는 ROIC를 본다

두 곳의 빵가게가 있다. A가게는 빵을 만들고, 빵을 만드는 장비와 가게를 꾸리는데 2,000만 원(자산·Asset)이 필요하다. 이 가게 주인은 최근 은행에서 퇴직해 2,000만 원 모두 자기자본(자본·Equity)으로 빵가게를 시작했다. 부채(외부 대출)가 없다는 뜻이다. 그래서 1년간 매출 1억원, 영업이익 1,500만 원을 거뒀다. 법인세 등 비용을 떼고 난 순이익은 1,200만 원으로 나왔다. B가게는 다른 조건이 똑같고 은행에서 대출을 받았다고 가정해보자. 2,000만 원의 영업자산 중 1,000만 원은 은행 빚이다. 그래서 영업이익은 1,700만 원, 순이익은 1,000만 원을 기록했다.

자, 이제 두 가게 모두 주변 지인에게 자산 중 500만 원을 빌려줬다고 가정해보자. 매출이 같다고 했을 때 A가게는 B가게보다 순이익이 높고 대출이 없으니 더 우량해 보인다. 실제로 기업 재무제표를 어느 정도 공부한 사람이라면 A가게가 더 안전한 투자처라고 생각할 수 있다. 그러나 워런 버핏이나 조엘 그린블라트와 같은 투자 대가들에게 물어보면 주저 없이 "B가게가 훨씬 나은 투자처"라고 이구동성으로 말할 것이다.

투자 대가들이 이처럼 일반 사람과 다른 투자 시각을 갖게 되는 것은 이들이 ROE나 ROIC와 같은 '특급 비법'에 능통하기 때문이다.

우리가 A가게를 더 낫다고 평가하는 이유는 전통적 투자 지표 중 하나인 ROA에 좀 더 익숙하기 때문이다. ROA는 총자산이익률이라 부르며 순이익을 자산으로 나눈 값이다. A가게의 ROA는 "순이익(1,200만 원) ÷ 자산(2,000만 원)"이 되므로 60%다. 그러나 B가게는 A가게보다 순익(1,000만 원)이 작기 때문에 ROA가 50%로, A가게 대비 10%p 뒤지는 것으로 나온다. 이처럼 ROA는 B가게가 레버리지(대출)를 통해 A가게와 비슷하게 높은 순익을 기록했지만 이를 무시하는 경향이 있다. 외부에서 차입했든지 100% 자기자본이든지 분모가 자산(A, B 모두 2,000만 원으로 동일)으로 통일돼 있어서다.

그러나 순이익을 자기자본으로 나누는 ROE 관점에서는 B가게가 더 나아 보인다. A가게는 자기자본이 2,000만 원이지만 B가게는 1,000만 원으로 분모가 절반 수준이기 때문에 B가게 순이익(분자)이 A가게보다 작아도 ROE는 더 높게 나오는 것이다(B가게는 1,000만 원의 자본으로 순이익을 1,000만 원 냈으니 ROE가 100%에 달한다!).

이처럼 높은 ROE를 기록하며 투자자들을 사로잡은 대표적인 기업이 바로 애플이다. 애플은 현금성 자산이 풍부하지만, 꾸준히 외부 차입(대출)을 통해 ROE를 의도적으로 높였다. 그래서 ROA보다 ROE가 특히 높게 나타나는 경향이 있다. 실제로 2021년 말 기준 애플의 ROA는 27.35%에 불과하지만 ROE는 145.6%에 달한다. 레버리지를 능수능란하게 이용하는 기업이란 뜻이다.

ROE 의존에 따르는 투자 리스크는 조작(?)이 상대적으로 용이하다는 것이다. 실제 애플이나 마이크로소프트와 같은 빅테크들은 넘쳐나는 현금을 아끼지 않고 투자와 배당에 써버린다. 원래 남는 돈은 이익 잉여금이란 항목을 통해 자본 증가로 이어지지만, 애플은 과감히 배당이나 자사주 소각을 통해 자기자본을 상대적으로 낮게 가져간다.

이제 빵가게로 다시 돌아와 보자. 여기서 문제는 외부에 빌려준 500만 원이라는 돈이다. 자산 2,000만 원 중 실제 빵가게 영업을 위해 쓰인 돈은 두 가게 모두 1,500만 원이다. 그러나 ROA나 ROE 모두 500만 원이 영업에 투입된 돈으로 표시돼 있다는 문제점이 발견된다.

또 다른 문제점은 ROA와 ROE 모두 분자를 세금을 제외한 순이익으로 삼고 있다는 점이다. 통상 순이익은 영업이익에서 법인세 등을 빼고 남은 이익이다. 그러나 법인세는 나라마다 다를뿐더러 지나치게 이익을 낮추는 요소로 작용한다. 원래 순이익을 기준으로 기업을 평가하는 것은 금융사 등이 영업 이외의 이익을 잡아 회계상의 이득을 잡는 것을 감안하기 위해서 나타난 개념이다. 순이익은 기업의 최종 이익으로 배당의 기준이 되는 지표이지, 실제 영업을 통한 이익은 아니기 때문에 구별해야 한다.

영업상 이익을 통해 기업을 바라보려면 당연히 영업이익을 기준으로 삼는 것이 보다 합리적이다. 이 같은 회계 착시를 바로잡기 위해 탄생한 지표가 ROIC로 투자 대가들이 남몰래 주식투자에 쓰는 기준이다.

ROIC는 영업이익을 실제 영업에 투입된 자본으로 나눈 값이다. 전설적인 가치투자자 중 한 명인 조엘 그린블라트가 자신의 투자 비법이라고 소개한 기법이기도 하다. 그는 워런 버핏이 연평균 20%의 수익률로 이름을 날릴 동안 조용히 ROIC를 통해 연평균 40%라는 수익률을 올리며 시장을 압도했다.

A가게의 ROIC는 분자인 영업이익(1,500만 원)을 분모인 '영업 활동과 관련된 자산의 합'(투하자본, 1,500만 원)으로 나눠서 100%가 나온다. 원래 전체 자산은 2,000만 원이지만 여기서 지인에게 빌려준 돈(500만 원)을 빼고 분모에 적용했기 때문이다. B가게의 ROIC는 영업이익 1,700만 원을 투하자본 1,500만 원으로 나눠서 113.3%가 나왔다. 결국 ROE나 ROIC 기준으로 봤을 때 B가게가 더 훌륭한 투자처인 셈이다.

다소 복잡한 ROIC를 구할 수 있어야만 투자에 성공할까? 꼭 그렇지도 않고, 그럴 필요도 없다. ROIC는 각종 검색 사이트나 국내외 증권사 데이터베이스에 다 나와 있어 이들의 도움을 받으면 된다. 글로벌 주식 시장 시가총액 상위 10종목을 보면 ROIC와 최근 1년 주가 수익률이 대

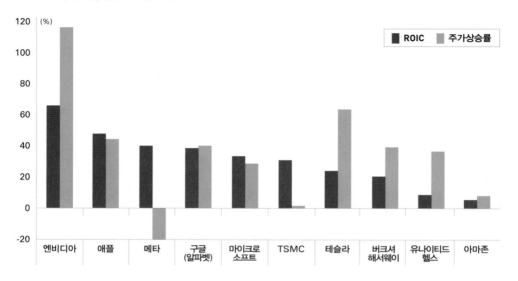

■ ROIC와 주가상승률 막대 그래프

체로 비례하고 있음을 알 수 있다.

위 표를 보면 ROIC가 높을수록 상승장에선 주가 상승률이 높게 나왔고, 하락장에서도 상대적으로 주가가 덜 빠졌음을 알 수 있다. ROIC는 실제 투입된 돈 대비 기업의 영업력을 나타내기 때문에 분기 실적에 차곡차곡 반영된다. 이를 아는 투자 큰손들이 이 지표를 기준으로 투자하기 때문에 주변 환경에 상관없이 주가가 단단하게 유지될 수 있다는 논리다.

ROIC가 무려 65.5%에 달하는 반도체기업 엔비디아에 주목해보자. 엔비디아가 생산하는 그래픽카드GPU가 게임과 가상화폐 채굴시장에서 많이 쓰이는 덕분에 이처럼 높은 ROIC를 유지할 수 있다. 그래서 엔비디아의 최근 1년(2021년 2월 말~2022년 3월 말) 주가 상승률은 100%가 넘는다. 2배 이상 올랐다는 뜻이다. 시가총액 상위 10종목 중 ROIC가 가장 높은 와중에 주가도 역시 가장 많이 올랐다.

반면 아마존의 2021년 말 ROIC는 5.1%에 불과하다. 아마존은 전자상거래 전 세계 1위 기업인 데다 클라우드에서 높은 수익성을 보여준다. 그러나 주력 사업이자 많은 자본이 투입되고 있는 전자상거래 분야에서 영업이익 면에서 고전하고 있기 때문에 전체 ROIC가 낮게 나오고 있는 것이다. ROE를 보면 2021년 말 아마존은 28.8%인데 테슬라는 21.1%로 아마존이 더 나은 투자처로 보인다. 그러나 ROIC 기준으로 보면 아마존은 한 자릿수, 테슬라는 23.8%로 테슬라가 아마존보다 4배이상 좋은 지표를 보이고 있다.

높은 수익성과 주가 수익률을 기록하는 데 가장 이상적인 주식은 수익성이 높은 단일 사업에 올인 돼 있는 회사라는 결론에 도달하게 된다. 테슬라는 전기·자율주행차 분야에 올인 돼 있는 데다 그 분야 세계 1등이라 ROIC가 ROA보다 높게 나오고 있다. 반면 아마존은 전자상거래와 클라우드사업으로 분산돼 있어 수익성이나 주가 수익률에서 다소 손해를 보고 있는 셈이다. 그러나 아마존이 전자상거래 분야를 천하통일할 경우 수익성이 높아지는 것은 한순간이며 이는 또 다른 역사를 기록하게 될 것이다. 그리고 투자자들은 여기에 맞는 또 다른 주가 지표를 개발해 아마존 투자에 합리적인 근거를 제시하게 될 것이다.

3

R&D에 투자하는 기업이
결국에는 빛을 본다

주식시장에서 R&D(연구개발)는 알쏭달쏭한 항목이다. 한편으론 비용이지만, 한편으론 미래 매출을 위한 투자자산으로 보기도 한다. 반도체나 제약·바이오기업들은 상대적으로 R&D 투자비가 많은 편이다. 월가 헤지펀드들은 공격적인 투자를 감행하기 전에 해당 기업의 R&D 노력 정도를 수치화해 투자 판단의 잣대로 삼기도 한다. 영어로 'R&D intensity'라고 하며, R&D 집중도라고 부른다. 한때 언론에선 글로벌 기업 대비 한국 기업이 R&D 집중도가 낮다며 향후 경쟁력이 크게 뒤처질 수 있다고 경고음을 내기도 했다.

헤지펀드들이 R&D 집중도를 분기마다 따지기 때문에 미국 주식들은 R&D 투자 성과와 주가가 같은 방향으로 가는 경우가 많다. 실제 미국의 주요 빅테크들은 R&D 집중도가 10%를 훌쩍 넘는다. 분기마다 글로벌 초대형 회사들이 매출의 10분의 1을 미래 매출을 위한 연구개발비로 쓰고 있는 것이다. 이는 현재 매출이나 제품 공급을 위한 설비 투자와는 다른 개념이다.

그런데 R&D 집중도가 높다고 꼭 주가가 더 많이 오르는 것은 아니다. 메타(페이스북)의 경우 R&D 집중도가 20%가 넘어 세계적인 상장사중에서도 가장 높은 수준이지만, 2021년 하반기 이후 주가는 다른 곳보다 덜 올랐다. 마크 저커버그의 메타는 도대체 이 많은 연구개발비를어디에 쓰고 있을까? 메타는 자신들의 본업인 광고사업보다는 바뀐 이름대로 메타버스(가상세계)에 들어가기 위한 기술 개발에 돈을 쓰고 있다. 메타 연구팀이 카네기멜론대 연구진과 미세한 촉감에도 반응하는'리스킨'을 개발한 것도 연장선상에 있다. 리스킨을 장착한 로봇 팔은스스로 계란을 인식해 손가락으로 계란을 집어 올릴 정도로 정교하다.다른 로봇 팔은 모두 계란을 깨뜨린 것과는 대조적이다.

메타는 이처럼 메타버스 공간에서 현실적인 몰입감을 주기 위해 각종 센서와 기기 개발에 엄청난 돈을 쓰고 있다. 앤드류 보스워스 페이스북 부사장은 "계속해서 메타버스 세계에 사용할 실감 나는 기술 개발을 진행하고 있다"고 밝혔다. 결국 메타는 '광고 수익 통한 현금 → 메타버스 관련 기술에 막대한 돈 투자 → 메타버스 생태계 장악 → 회원 급증 → 광고 수익 극대화'라는 큰 그림을 그리고 있다. 당장은 영업이익이 줄어드는 것은 어쩔 수 없다고 보고 있는 것이다.

구글, 엔비디아, 마이크로소프트 등 다른 기업들도 메타와 마찬가지다. 이들은 연구개발에 '진심'인 편이다. 상장사 간 실적과 주가 양극화를 이루는 요소 중 하나는 과거에 해당 기업들이 투자한 연구개발비와 깊은 관련이 있다.

삼성전자가 국내에서 오랜 기간 시가총액 1위를 유지하고 있는 것도 R&D 투자와 무관하지 않다. 하지만 문제는 삼성전자가 몸담고 있는 반도체기업들이 삼성전자보다 R&D 투자에 열을 올리고 있다는 사실이다. 엔비디아는 매출에서 연구개발비가 차지하는 비중이 무려 19.8%(2021년 3분기 기준)에 달하며, 노광장비 독점기업인 네덜란드 ASML조차도 11.6%에 달한다. 삼성전자는 2020년까지 10%대 수치였다가 2021년에 9%대로 내려왔다.

기업들의 R&D를 따라가 보면 왜 최근 주식시장에서 메타버스가 그토록 유행했는지도 알 수 있다. 국내 시가총액 50위권 상장사 중에서 매출 대비 연구개발 비중이 가장 높은 기업은 바로 네이버. 인공지능(AI), 메타버스 등에 대한 연구 인력을 늘리다 보니 자연스레 비용이 급증하고 있다. 네이버의 R&D 집중도는 2020년 사업 보고서 기준으로 25.1%에 달해 국내 최고 수준이며 미국 플랫폼 기업과 비교해도 높은 수준이다.

빅테크들이 승승장구하는 이유를 그동안 투자해온 R&D의 산물로 보는 시각도 있다. 업종과 상관없이 R&D 투자를 많이 하는 기업들은 이후 주가 수익률이 높게 나왔다.

대표적인 기업이 바로 게임사 '펄어비스'다. 펄어비스의 R&D 집중도

종목명	연구개발비		2021년
	2020년(억 원)	매출 대비 비중(%)	주가상승률(%)
NAVER	13,321	25.10	29.4
넷마블	5,193	20.90	-4.94
펄어비스	944	19.30	165.66
SK바이오사이언스	325	14.40	33.93
카카오	5,354	12.90	43.9
SK하이닉스	34,820	10.90	10.55
삼성전자	212,292	9.00	-3.33
LG디스플레이	17,386	7.20	32.61
삼성SDI	8,083	7.20	4.3
삼성바이오로직스	786	6.70	9.32
LG전자	40,335	6.40	2.22
삼성전기	4,831	5.90	10.96
LG이노텍	4,743	5.00	99.45

자료: 에프앤가이드

는 2020년에 19.3%에 달했는데, 2021년에 주가가 165.7% 급등했다. 2021년 3분기 누적 매출은 2020년 대비 25%나 감소한 데다 당시 기대작이었던 게임 '붉은 사막' 출시가 연기되는 악재가 있었지만, 주가 상승세는 뚜렷했다.

이처럼 연구개발 투자 의지가 실적 부진과 악재를 덮을 때가 있다. 당시 정경인 펄어비스 대표는 "펄어비스가 세계 최고 수준의 개발 역량을 갖춘 개발사가 되는 것을 목표로 전 직원이 연구개발에 매진하고 있다"라고 하면서 슬쩍 투자자들에게 힌트를 주기도 했다. 정 대표는 약속을 지켰고, 매출이 떨어지는 와중에도 R&D 투자를 그치지 않았다.

1980년생인 정 대표는 서울대에서 재료공학을 전공했다. 2003년 태산LCD, 2007년 한국HP휴렛팩커드, 2010년 LB인베스트먼트 등을 거쳐 2016년 6월부터 펄어비스 대표를 맡은 후 '게임 한류'를 위해 뛰고 있다. 정 대표는 2021년 19.3%였던 펄어비스 R&D 집중도를 2022년 33% 수준까지 끌어올렸고, 기관투자자들은 펄어비스의 R&D 의지를 높게 샀다. 2022년 3월, 정 대표는 6년의 임기를 마치고 중국사업에 집중하기로 했지만, 연구개발에 집중하는 그의 철학은 이후 CEO로도 이어지고 있다.

R&D 투자에 공을 들이는 기업들은 곧잘 '좋은 사윗감'에 비유된다. 당장은 장인·장모(투자자)의 눈에 들지 않을지라도 미래에 좋은 결혼 생활(투자 수익률)로 보여줄 가능성이 높기 때문이다. 당장의 훌륭한 회계 숫자들을 자랑하는 기업보다는 미래를 위해 남몰래 연구개발에 정진하는 기업들에 중장기 투자한다면 투자 원금을 지킬 수 있다.

4

투자 대가들의 족보 '13F' 100% 활용하기

1980~1990년대 학번의 대학생들에게 '족보'는 B학점 이상의 학점을 보장하는 필수품이었다. 족보는 원래 한 가문의 혈통 관계를 적어 기록한 책이었지만, 그런 혈연관계에 연연하지 않았던 우리 대학생들은 과거 시험에 나왔던 기출문제들을 족보라는 단어로 축약해서 썼던 것이다. 과거에도 그랬지만 요즘도 중고교생들이 이용하는 '족보닷컴'이 버젓이 있는 것을 보면 지금 족보도 친인척관계보다는 기출문제와 더 가까운 셈이다.

투자 세계에서도 족보가 존재한다. 국내에만 국한되는 것이 아니라 대가의 족보들이 버젓이 있다. 글로벌 투자 대가들이 자신들이 운용하는 투자자산에 어떤 종목들을 담고 있는지 족보로 잘 정리돼 있다. 세

▓ 글로벌 주식 구루들의 족보 엿보기

(%)

투자 구루	한달 수익률	CARG	톱1	톱2	톱3
마이클 버리	1.76	31.19	CVS헬스(45.8)	록히드마틴(27.9)	CEO그룹(14.4)
워런 버핏	0.54	12.07	애플(52.0)	뱅크오브아메리카 (15.0)	아메리칸익스프레스 (9.0)
빌 게이츠	-0.99	12.89	버크셔해서웨이 (53.8)	WM매니지먼트 (11.7)	캐터필라(8.4)
리온 쿠퍼맨	-2.67	24.76	미스터쿠퍼그룹 (16.1)	알파벳(14.1)	데본에너지(12.4)
하워드 막스	-3.01	13.21	체사피크에너지 (20.5)	스타벌크캐리어스 (19.5)	비스트라에너지 (13.9)
켄 피셔	-4.5	16.37	애플(21.1)	마이크로소프트 (14.4)	아마존(11.7)
韓국민연금	-6.44	20.39	애플(23.8)	마이크로소프트 (16.5)	아마존(10.2)
스탠리 드러켄밀러	-11.88	13.91	쿠팡(15.4)	알파벳(14.6)	아마존(13.8)
체이스 콜맨	-12.98	12.76	마이크로소프트 (20.4)	JD닷컴(19.4)	아마존(9.5)
알렉스 세서도트	-17.32	23.93	알파벳(15.4)	테슬라(14.1)	아마존(12.8)

2022년 1월 말 기준(CARG는 지금까지 누적 투자수익률을 연간 복리 기준으로 환산한 수치).
자료: 미국 13F, 우정R&D 마켓 포트폴리오

계 자본시장의 선구자인 미국은 '13F'라는 이름으로 1,000억 원 이상 보유한 투자자나 기관들이 자신들의 족보를 분기(3개월) 단위로 보고하도록 강제하고 있다. 이를 주도하는 기관은 미국 증권거래위원회SEC다. 13F라는 이름의 족보에는 워런 버핏과 같은 투자 구루들이 보유한 종목 주식 수, 각종 포지션(콜·풋옵션) 등이 나와 있다. 실시간으로는 볼 수 없고 1달 반 정도의 시차를 두고 볼 수 있다는 점은 유의해야 한다.

주가 변동성이 심할 때는 수십 년 동안 투자 세계에서 싸워온 대가들의 보유 종목이야말로 가장 믿을 만한 족보다. 물론 공시 이후 한 달 반 만에 전량 매도했을 가능성을 완전히 배제할 순 없다. 그럴 가능성이 낮은 저명한 투자 구루들의 보유 종목들만을 추리는 것은 투자자들의 몫이다.

50여 명에 가까운 투자 대가들 가운데 CARG 기준 연평균 10%가 넘는 우수한 투자 수익률을 기록 중인 사람들은 따로 잘 살펴봐야 한다. CARG는 투자 대가들의 누적 수익률을 연평균 복리로 계산한 수치다. 매년 투자원금과 수익금을 다음 해에 그대로 재투자했다는 가정에 따른 것이다. 유의할 점은 괄호 안의 숫자가 실제 공시되는 보유 비율은 아니라는 것이다. 직관적으로 알아볼 수 있도록 대가들이 보유한 주식 중 비중이 높은 10종목을 따로 추린 후 이 종목만 갖고 있다고 가정해 다시 보유 비중을 조정한 수치다.

약세장에선 누구나 높은 수익률을 내기 어렵다. 실제로 2022년 1월 말 기준으로 보면 투자 대가들 역시 한 달 수익률이 대부분 마이너스였다. 주식시장이 조정을 받는다면 이런 대가들도 돈을 까먹을 수밖에 없으니 최근 주가가 하락했다고 낙담하기보다는 투자 대가들의 수익률을 참고하면서 중장기 상승 추세에 희망을 걸 수 있다.

우리의 노후자금을 굴리고 있는 국민연금 역시 글로벌 '큰손' 중 하나다. 2021년에 국내 투자자들의 욕을 한 몸에 받으면서 국내 투자 비중을 줄이고 미국 비중을 늘려왔는데, 2022년 들어 국민연금이 어느 정도 통찰력을 갖고 투자해온 것을 알 수 있다. 국민연금이 투자자들의 교과

서라 불릴 만한 것이 투자 대가들이 공통적으로 보유한 애플, 마이크로소프트, 아마존을 순서대로 보유하고 있어서다. 보유 비중만 다르지 켄 피셔와 똑같은 포트폴리오다.

켄 피셔는 운용자산이 240조 원에 달하는 피셔인베스트먼트의 회장으로, 주가매출액비율PSR을 1984년 처음 고안한 것으로도 유명하다. 아마존의 경우 주가수익비율PER로 보면 고평가됐다고 할 수 있지만, PSR 기준으로는 빅테크 기업 중 가장 저평가된 주식으로 분류된다. 켄 피셔는 자신의 투자 원칙대로 종목을 보유하고 있기 때문에 많은 투자자들의 존경을 받을 수 있고, 국민연금 역시 비슷한 투자 철학에 따라 투자하고 있는 셈이다.

종목 고르기가 힘들다면 투자 대가들의 보유 종목들로 나만의 완벽한 포트폴리오를 만들어볼 수 있다. 투자 대가들이 '뻔한' 종목들을 보유하고도 막대한 부를 쌓았다는 점에서 투자 세계에 깜짝 비법은 없다고도 볼 수 있다. 굳이 다른 사람이 만들어놓은 ETF에 수수료를 지불하며 매수하지 않아도 된다.

재밌는 것은 월가의 전설적 투자자이자 2021년까지 연평균 14%의 수익률을 기록 중인 스탠리 드러켄밀러의 최애 종목이 '쿠팡'이라는 사실이다. 드러켄밀러는 쿠팡이 미래의 아마존이 될 것이라고 믿고 있다. 2021년 11월 중순에도 5,000억 원어치의 쿠팡 주식을 사들였고 점차 비중을 늘려가고 있다. 참고로 쿠팡은 2021년 3월 상장 이후 주가가 반토막 났다가 2022년 들어서 상승 반전을 노리고 있다.

쿠팡은 지배구조상 구글을 따라가고 사업방식은 아마존을 벤치마킹한 기업이다. 하버드대 출신이자 오너인 김범석 대표가 지분 2%로 의결권 58%를 확보하고 있다. 그가 '슈퍼주식'을 보유하고 있기 때문이다. 김 대표 주식 1주에 29배의 의결권을 적용하는 '차등 의결권'을 적용했는데, 이는 국내 주식시장에선 허용되지 않는다. 그래서 미국에 쿠팡을 상장시켰고, 이제 적대적 M&A에 대한 걱정이 없어진 김 대표는 해외시장 개척과 투자자 접촉에 열을 올리고 있다. A·B·C주로 나뉘어 있는 구글(알파벳) 주식 중 오너들이 갖고 있는 B주가 바로 '슈퍼주식'이다.

김범석 대표에 대한 국내 인식이 좋지 않은 것도 사실이다. 주가가 상장 시점의 고점을 회복하지 못한 데다 2021년에 물류센터 대규모 화재와 극심한 노동 강도로 언론의 집중 포화를 맞기도 했다. '쿠팡 해지하기' 바람이 불었고, 이를 사진으로 올리며 불매운동이 퍼져나갔다. 쿠팡은 그대로 끝나는 것처럼 보였다. 하지만 하루 만에 배달되는 '로켓배송'에 길든 고객들은 욕은 하면서도 그런 여론몰이에 적극적으로 동참하지 않고 있다. 쿠팡 '와우멤버십' 가입자는 계속해서 늘고 있으며, 국내 전자상거래와 구독 서비스 절대 강자인 네이버를 위협하고 있다. 쿠팡이 OTT(실시간 동영상 서비스)를 통해 가입자를 끌어모으고 있는 것도 글로벌 투자자들의 호평을 받고 있다. '구독경제' 하면 쿠팡부터 떠올리는 사람이 많아졌다.

쿠팡의 또 다른 투자자로는 마이크로소프트 창업자인 빌 게이츠가 꼽힌다. 그는 2019년 팬데믹 사태를 미리 경고해 이제는 투자 세계에서도 인정받고 있는 거물이다. 워런 버핏의 오랜 친구이며 워런 버핏의 버크셔해서웨이의 주요 주주이기도 하다. 그런 빌 게이츠가 2021년 3분기 13F에 쿠팡을 매수했다고 공시했다. 빌 게이츠나 드러켄밀러나 2022년 1분기보다 비싼 가격에 매수했기 때문에 투자자들은 투자 대가보다 싼 가격에 주식을 매수할 수 있다는 장점도 있다.

쿠팡이 중장기 투자에 적합한 종목이라는 논리 중 하나는 쿠팡이 그동안 4조 원 이상을 쏟아부으며 물류 단지에 집중투자한 점이다. 27개로 시작한 쿠팡의 물류센터는 이제 170곳 이상으로 늘어났다. 물류 면적은 축구장 400개 넓이에 달한다. 쿠팡이 세운 170개 물류 단지의 위력은 국내 물류 절대강자 CJ대한통운과 비교해보면 느낄 수 있다. 세워진 지 70년 된 CJ대한통운의 물류 거점은 290곳인데 이제 7년 된 쿠팡이 170개나 갖고 있다. CJ대한통운이 쿠팡의 도전에 깜짝 놀라 대규모 물류 투자를 진행하자, CJ 노조가 크게 반발하며 파업에 나서기도 했다. 쿠팡은 이 같은 '택배대란'으로 기존 강자가 주춤하자 택배사업으로 빠르게 치고 들어가며 국내 물류 장악의 큰 그림을 그리고 있다. 쿠팡이 '한국의 아마존'으로 불리는 이유이기도 하다.

또 다른 포인트는 매출 성장률이다. 요즘 월가에선 이익보다는 매출 성장률에 주목하는데, 쿠팡 투자에 관심을 갖는 이들은 쿠팡의 높은 매출 성장률에 주목하고 있다. 2021년 3분기 기준 매출 증가율은 전년 동기 대비 48%나 성장했다. 만성 적자임에도 투자 대가들이 '줍줍'하는 이유다.

그러나 쿠팡은 여전히 적자 기업이며 막대한 투자를 지속해야 하는 상황이다. 결국 주가가 지속적으로 상승하려면 배달사업이나 OTT 서비스 등 신사업을 통해 아마존처럼 이익이 나는 구조가 돼야 한다. 아마존은 확실한 캐시카우인 '클라우드 서비스'(기업 상대로 IT 서비스 제공)를 갖고 있다는 점에서 쿠팡 입장에선 '넘사벽'이다.

5

금리 인상기엔
현금흐름 좋은 주식 골라잡기

"조짐이란 어떤 결말에 앞서 일어나는 사건이며, 이미 비슷한 결말이 관찰된 적이 있을 때는 거꾸로 그 선행 사건의 결말이 조짐이 된다. 그리고 비슷한 결말이 자주 관찰될수록 그만큼 조짐의 불확실성은 줄어든다. 그러므로 무슨 일이든 경험이 풍부하면, 미래를 예측하는 조짐을 많이 가지게 되고, 그 결과로서 사려가 더욱 깊어질 뿐만 아니라 신중해진다. 많은 젊은이들은 동의하지 않겠지만, 이제 막 그런 일을 시작한 사람이 아무리 타고난 지혜와 임기응변의 재능이 뛰어나다 해도 이 신중함을 당해내지는 못한다."

토마스 홉스의 『리바이어던』 중 일부분이다. 『리바이어던』은 지금까지도 우리에게 최고의 정치철학서로 남아 있다. 그런데 주식투자에도 대입할 여지가 많다. 토마스 홉스의 조언처럼 우리는 수익률 급락의 경험을 통해서 미래를 예측하는 '조짐'을 많이 가져야 한다. "주식시장이 거품 해소 과정을 거쳐 중장기적으로 우상향한다"는 믿음하에서는 이 같은 쓰라린 경험 또한 가치 있는 투자 자산이 될 수 있다.

홉스는 타고난 재능보다는 경험을 통한 신중함을 더 강조했다. 어떠한 위기에서도 사려 깊고 신중하게 행동한다면 자신에게 무엇이 유익한지 본능적으로 알 수 있다는 것이다. 우리가 타고난 임기응변에 의존한다면 주가 상승기에는 급등주를 쫓게 되고, 2022년 초와 같은 하락기에는 패닉 셀Panic sell에 나설 수 있다. 실제로 이런 하락장에는 조급한 매도를 통해 단기적인 근심을 제거하려는 것이 인간의 본성 중 하나이기도 하다.

우리가 인간의 본성에 저항하면서 신중함을 유지하려면 기업을 바라보는 객관적인 잣대가 있어야 한다. 특히 금리 인상이 예고된 상황 속에서, 급여 상승에 따른 비용 인플레이션 우려 속에서 기업의 현금성 자산과 인건비 부담 비중을 꼭 점검해봐야 한다. 현금이 부족해 외부 차입에 의존하는 기업들은 금리 인상을 버티기 어렵다. 이런 기업들은 유능한 인재를 회사에 남아 있게 할 만한 능력도 부족해진다. JP모건의 경우 2021년 4분기 실적 발표 후 투자자들이 JP모건의 비용 급증에 주목하며 주식을 내다 팔았다. 물론, 당시 주가도 급락했다. JP모건은 4분기 비이자비용이 179억 달러라고 발표했는데, 이는 월가의 추정치(176억 달러)를 뛰어넘는 수치였다. JP모건은 이 같은 '깜짝' 비용이 직원 급여나 보상을 올려주느라 생겼다고 털어놨다. '깜짝' 실적(어닝서프라이즈)을 내야 할 기업이 월급 올려주느라 돈을 많이 써서 이익이 생각보다 적게 나왔다고 변명하니 투자자들이 외면할 수밖에 없다.

최근 2~3년간 주가가 부진한 곳 중 하나가 아마존이다. 아마존의 주가는 2021년 내내 횡보하면서 투자자들을 애태웠다. 2021년 3분기 기준 아마존의 매출액 대비 판매관리비 비중은 26%에 달한다. 판매관리비란 제품 판매와 영업에 필요한 비용을 뜻하며, 주로 급여와 복리후생비 등 인건비가 주를 이루고 광고비, 접대비 등도 여기에 속한다.

사실 이러한 모든 지표는 그 숫자만으로는 높은지 낮은지 알 수가 없다. 따라서 상대 비교를 통해 높낮이를 파악해야 하는데, 당연히 요즘 같은 분위기에서는 판매관리비 비중이 낮을수록 좋다. 전 세계 시가총액 1위 애플은 판관비 비중이 7%에 불과하다. 바꿔 말해 아이폰을 비싸게 판 만큼 인건비는 많이 안 나간다는 뜻이다. 마이크로소프트와 구글의 판관비 비중 역시 13% 수준으로 아마존보다는 낮은 편이다. 인건비 부담이 많은 기업에 투자한다면 금리 인상기에는 더욱 신중하게 접근해야 한다는 것이다.

중요하게 살펴봐야 할 또 다른 지표에는 주당 현금흐름이 있다. 이 지표는 현금흐름Cash flow을 주식 수로 나눈 값이다. 주당 현금흐름이 중요한 이유는 실제 기업의 현금 수준을 나타내기 때문이다. 예를 들어, 자동차를 사서 몇 개월 지나면 그 가치 하락을 나타내기 위해 감가상각을 적용한다. 그러나 기업의 현금흐름을 나타낼 때 이 같은 감가상각은 실제 현금의 지출이 일어난 것은 아니기 때문에 주당 현금흐름 지표에서는 감가상각비를 더해서 계산한다. 이래야 더 정확한 기업의 현금흐

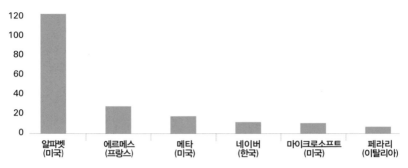

120
100
80
60
40
20
0

| 알파벳 (미국) | 에르메스 (프랑스) | 메타 (미국) | 네이버 (한국) | 마이크로소프트 (미국) | 페라리 (이탈리아) |

자료: 인베스팅닷컴

름을 알 수 있기 때문이다.

마이크로소프트나 메타(페이스북), 네이버의 주당 현금흐름은 10~20 달러 선이며, 에르메스와 같은 울트라 명품기업의 경우 20~30달러 선이다. 구글은 이례적으로 100달러가 넘는데 주식 수가 상대적으로 감소하고 있는 가운데 유튜브 등 자회사의 수익성이 매년 높아지니 그 수치가 '넘사벽'이다. 이런 기업들이야말로 위기에 강한 주식이라 할 수 있다. 단기적인 주가 조정은 피할 수 없지만, 중장기적으로 주가 안정기를 거쳐 회복기에 접어들수록 그 주가 상승률이 상대적으로 높게 나올 수 있는 기업 후보군으로 볼 수 있다.

이런 기업들은 투자자들이 '죽은 고양이'인 줄 알고 던졌는데, 실제로는 살아서 비명을 지르며 튀어 올라갈 수 있는 주식이다. 하락론자들은 주가가 반등할 때마다 '데드 캣 바운스'라고 폄하하지만, 그 주식을 팔아 치우자 살아서 튀어 올라갈 때의 '쓰라림'은 투자자들의 평정심을 잃게 만든다.

6

변동성이 싫다면
배당주로 안전 운행

　"찬 바람이 불면 '배당주'"라는 말이 있다. 기업들은 한 해 열심히 일해서 벌어들인 이익을 현금으로 주주에게 나눠주는데, 한국 주식 기준으로는 보통 겨울에 배당받는 주주 명단이 확정되기에 그런 말이 생겼다.

　이처럼 국내 상장사들은 12월에 모든 영업 결산을 마치는 기업이 대부분이다. 11월 들어서는 이런 종목에 투자해서 배당을 노리는 '배당주 투자'가 연중행사로 벌어진다. 기업 입장에서야 자기네 주식을 1년 내내 갖고 있거나, 주주 명단을 작성하기 직전에 '막차'로 들어온 주주이거나 아무 상관이 없다. 주주 명단을 만들 때만 주주이면 배당을 준다는 뜻이다. 배당주 투자가 목적이라면 매년 마지막 날짜(12월 결산법인 기

종목명	배당수익률(%)	외국인순매수(억 원)	주가상승률(%)
삼성증권	8.11	1,828	16.81
NH투자증권	7.09	1,321	14.16
우리금융지주	6.76	3,629	34.64
하나금융지주	6.62	3,055	25.22
기업은행	6.25	1,910	24.43
포스코	6.02	7,284	0.92
신한지주	5.64	5,755	16.22
KB금융	5.24	7,103	28.8
한국금융지주	5.22	2,884	7.85
에쓰오일	4.19	3,115	38.44
LG유플러스	4.08	2,470	20

2021년 11월까지 누적 수치.
배당수익률은 증권사 3곳 이상의 평균치.
외국인과 주가는 2021년 11월 11일까지 기준.

준)를 기준으로 2일 전에 동그라미를 그려놓고 이날까지 배당주를 사야 배당금을 받는다. 2021년에는 12월 30일이 배당 기준일이었으니 28일까지 주식을 매수해야 했다는 뜻이다. 29일에는 주식을 사도 배당을 못 받는다. 하루 차이로 1년을 기다려야 하는 셈이다. 한국 주식시장은 미국에 비해 기업들의 배당 인심이 그다지 좋지 않다.

최근 수년간의 흐름을 보면 배당을 잘 주는 국내 기업들의 주가 수익률이 나쁘지 않았다. 외국인은 한국 주식을 대할 때 시세 차익(주가 상승)보다는 배당이나 환차익을 중시한다. 외국인이 매년 하반기에 집중하는 국내 배당주를 노리면 배당과 시세 차익이라는 두 마리 토끼를 잡을 수 있다. 코스피 시가총액 상위 200개 종목 중에서 2021년 기준 배당

수익률이 최소 4% 이상이면서 외국인이 2021년 1,000억 원 이상 순매수한 종목들을 보면 상대적으로 주가 상승률도 뛰어났다.

은행·증권사들이 여기에 주로 포함된다. 최근 수년간 이들 명단은 크게 바뀌지 않았다. 4% 배당 수익률이면 1년 동안 은행에 맡긴 금리(2%대)의 2배 수준이다.

미국 주식시장에서도 배당주가 화두로 떠오른다. 금리 인상과 전쟁 리스크로 불확실성이 커지자 확실한 배당금을 제공하는 배당주의 몸값이 높아지고 있기 때문이다. 미국에서는 2022년 들어 높은 인플레이션(물가 상승)에 놀란 제롬 파월 미국 연방준비제도이사회 의장이 지속적으로 '빅스텝'에 대한 얘기를 꺼내고 있다. 빅스텝은 미국이 기준금리를 0.5%p 이상 올릴 수 있다는 뜻이다. 금리 인상은 항상 주가의 최대 악재 중 하나다.

그러나 투자 세계는 2021년 이후 더 복잡해졌다. '금리=주가 하락'이라는 공식도 더 이상 통하지 않는다. 우선, 중립금리The Neutral rate of interest에 대한 고민이 필요하다. 중립금리란 현 경제상황에 맞는 적합한 금리 수준을 의미한다. 연준의 통화 정책을 완화도, 긴축도 아닌 방향으로 만드는 금리 수준이며 고용 호조와 물가안정을 유도하는 진정한 실질 금리 수준을 뜻한다.

이러한 중립금리가 이슈가 되는 이유는 중립금리 산출이 단순 계산을 통해 얻어낼 수 있는 계량적 수치가 아닌, 연준 내부적으로 현 경제상황의 계량적인 수준을 기반으로 추론된 결과물이라는 점 때문이다. 연준 밖에서도 시장의 중립금리를 도출하기 위해 많은 모델들이 연구됐지만, 모델별 활용 데이터 차이도 크고 도출된 값들도 차이가 크기 때문에 컨센서스로 단순화하기 어려운 점도 이슈의 원인이 된다.

　중립금리가 중요한 이유는 정책 금리 결정에 중심축으로 활용되고 있으며, 이에 따라 연준의 정책 방향성을 긴축 또는 완화, 중립으로 설정할 기준이 되기 때문이다. 파월 의장이 2018년 10월 "현재 금리 수준은 중립금리로부터 멀리 떨어져 있다a long way from neutral on interest rates"라고 언급한 이후 2019년 초까지 시장이 발작 수준의 반응을 보인 예는 중립금리 수준으로 통화 정책의 방향성을 가늠할 수 있고, 시장에 어떤 영향을 주는지 알 수 있는 대표적인 예다. 결국 중립금리 설정에서 파생된 연준 통화 정책은 기대인플레이션을 자극/완화하기 위해 금리 인상/인하로 대응하기 때문에 시장에서는 민감할 수밖에 없다.

　겉으로 보이기에 미국 연준은 매파적(긴축적 통화 정책)이지만, 중립(기준)금리 자체가 완화적이기 때문에 연준에서 앞으로 공격적인 금리 인상을 해도 시장 대비는 실제로 비둘기파적 스탠스(완화적 기조)를 갖고 있다는 해석도 있다.

　다음으로, 시장 자체가 펀더멘털에 의지할 수 없는 상황에서 파월 의장이 2022년 1분기에 "수요Demand"에 대한 언급을 여러 차례 하면서 시장에 확신을 준다는 점이다. 침체가 우려되는 상황에서 수요에 대한 자신감을 강하게 드러냈기 때문에 선행지수가 꺾인 상황에서 금리를 올려 침체로 가는 사이클을 사전에 차단하려는 모습이다. 금리 상승과 주가가 동행하는, 장기적으로 주식시장에 우호적인 환경이 나타날 수 있다는 논리에 힘을 실어준다.

그러나 투자자 입장에서 마르코 콜라노비치처럼 "무조건 매수"를 외치기는 어렵다. JP모건의 마르코 콜라노비치 수석글로벌시장전략가는 미국의 침체 가능성은 지속적으로 낮다고 주장하며 주식시장에 투자하기 여전히 좋은 환경이라고 외친다. 아무리 모든 지표나 미국의 금리 정책을 우호적으로 해소해도 2022년 1분기 10%를 유지하는 미국 생산자물가지수(PPI)는 부담스럽다. 기업 실적과 주가가 꾸준히 오르는 '골디락스'로 진입하기 위해서는 결국 높은 물가가 잡혀야 한다. 하지만 그러기에는 2022년 1분기까지 지속되고 있는 공급망 이슈와 높은 유가 수준 하락은 연말에 잡히기 어려운 실정이다. 과도한 인플레이션이 당분간 지속될 가능성이 높고, 빅스텝을 포함한 정책을 기반으로 금리가 올라갈 가능성은 명약관화하다.

이런 시장 상황에서는 고배당 스타일의 비중을 점차 높이는 것이 돈을 잃지 않는 투자 방법이다. 배당주는 주가 상승기에는 뜨뜻미지근하게 오르지만, 꼬박꼬박 배당금으로 투자자들을 위로해준다. 하락기에는 주가가 성장주 대비 초과 수익률을 기록하기도 한다.

미국 배당주 목록은 너무나 쉽게 접할 수 있다. 2022년 2월 기준으로 서학개미들은 배당주 매수를 크게 늘려 주목받았다. 특히 미국은 우리나라보다 주주 환원에 적극적이기에 시가배당률이 높고 배당기일도 분산돼 있어 포트폴리오를 잘 구성하면 매달 미국 상장사로부터 배당받는 것도 가능하다.

대표적인 종목은 리얼티인컴이다. 리얼티인컴은 1994년 10월 상장한 부동산리츠로, 월배당이 특징이다. 2022년 2월까지 619회 연속으로 배당금을 지급하고 있으며, 액수도 꾸준히 증가하고 있다. 주가 역시 장기 우상향 기조를 유지하고 있다.

미국은 570여 종의 월배당 ETF가 있는데, 이 가운데 주식형 ETF가 30여 종에 달한다. DIA처럼 다우존스지수 30개 기업의 시가총액 비중별로 포트폴리오를 구성한 ETF도 있지만, 대부분 우선주로 구성된 ETF와 커버드콜 방식의 ETF가 주목받고 있다. 이 ETF들이 배당 수익률이 비교적 높다. 가장 유명한 주식형 월배당 ETF는 미래에셋자산운용이 인수한 글로벌엑스(GLOBAL X)가 내놓은 NASDAQ 100 COVERED CALL ETFQYLD이다. QYLD의 연간 배당률은 2022년 예상 기준으로 14.3%에 달한다. 매달 1%가 넘는 분배금을 준다는 뜻이다.

하지만 배당주는 만능이 아니다. 양날의 검에 가깝다. 배당을 주는 대신 주가 하락기에는 주가 하락폭이 클 수도 있다. 배당금에 홀려서 주식을 샀는데 주가가 빠져 전체 수익률이 마이너스를 기록할 수 있다. 고배당주 투자에서도 그 기업의 실적을 봐야 한다는 뜻이다. 미국 반도체기업 인텔의 2022년 배당 수익률은 3% 이상이 기대되지만, 최근 주가 흐름을 보면 투자를 주저하게 된다. 2021년 4월 이후 1년간 주가가 27%나 하락했기 때문이다. 실적이 따라주지 않는 배당주는 투자 수익률을 낮추는 방식이 될 수 있다.

7

부자가 되려면
M.A.N.G.A를 보자

'망가'는 일본풍의 만화를 뜻하는 말이지만, 이제는 주식투자 세계의 키워드로 자리 잡고 있다. 망가M.A.N.G.A야 말로 부자로 가는 5차선 대로다.

M: 마이크로소프트 혹은 메타플랫폼

M은 마이크로소프트(마소)나 메타플랫폼(페이스북)이다. 망가의 시작인 두 기업은 모두 메타버스에 올인했고, 이니셜도 공교롭게 M으로 시작하는 공통점을 갖고 있다. 마소는 가장 확실한 우량주 잣대로 보는 '40(매출총이익률)-40(자기자본이익률·ROE)클럽'에도 들어 있다. 매출총이익률은 매출에서 원가를 뺀 나머지를 다시 매출로 나눈 값으로, 마소의 매

출총이익률은 2021년 3분기 기준으로 69.89%에 달하며 ROE는 49.3%를 기록했다. 같은 해 6월 말(47.08%)보다도 높은 수치다.

마크 저커버그의 메타야말로 M에 가장 어울리는 기업 중 하나다. 우리나라로 치면 SNS 세상이 '싸이월드 → 네이버 블로그 → 트위터 → 페이스북 → 인스타그램'으로 쉴 새 없이 바뀔 동안 최종 목적지에 자리 잡고 있던 사람이 바로 마크 저커버그다. 유대인이 사람의 관심과 돈의 흐름에 누구보다 밝다고들 하는데 마크 저커버그 메타 회장 또한 그런 사람이다. 메타의 매출총이익률은 무려 80%가 넘는데 그야말로 돈을 쓸어 담는 수준이다.

메타의 매력은 PEG라는 주가 지표에서 특히 두드러진다. 기업의 PEG 비율은 해당 시점 주가를 주당순이익으로 나누고 이를 다시 주당순이익 증가율로 나눠서 계산한다. 메타의 PEG는 1배가 채 안 되는데, 주가가 뛰는 속도보다 기업 이익 성장률이 더 높다는 뜻이다.

그러나 PEG 역시 만능은 아니다. 2021년 하반기 이후 메타는 꾸준히 저평가로 매수 추천을 받았지만, 애플의 광고 정책 변화로 큰 타격을 받았다. 이 같은 저평가엔 다 이유가 있었고, 이것이 메타를 통해 뒤늦게 드러났다.

아이폰을 만드는 애플이 세계 최대 디지털 광고업체 메타에게 공격을 가하면서 2022년 들어 순이익이 감소세로 돌아섰다. 그동안 애플은 자신들은 고객들의 민감한 정보를 모으지 않는 안전한 플랫폼이라 강조하면서 같은 철학에서 아이폰 내에 깔리는 애플리케이션 등에 대한 고객 정보 정책을 강화하겠다고 선언했다. 아이폰 내에서 활동해온 다른 회사 플랫폼업체들은 이제 빅데이터를 모을 때 고객들에게 일일이 동의를 구해야 하는 입장이다. 미국 내 조사에 따르면 고객들이 이 같은 앱에 자신의 정보를 제공하는 것에 90%가 반대했다고 하니 과거 페이스북이자 현재 메타는 궁지에 몰린 셈이다.

따라서 'M'에 더 어울리는 기업은 2022년 들어 마이크로소프트로 쏠리는 모양새다. 마소는 2022년 1분기에 액티비전블리자드라는 게임사를 현금 82조 원에 매수했다. 이 같은 대형 M&A는 마소의 막대한 현금 창출력과 게임시장을 지배하려는 큰 그림을 동시에 보여준다. 이제 마소의 '게임패스'를 통해 구독하며 게임을 즐기는 시대가 왔다. 게임 CD를 사서 모으는 것은 구식이 됐다.

A: 애플

워런 버핏이 말한 것처럼 애플은 이제 필수 소비재다. 전 세계 사람들이 아이폰을 쓰고 있다. 심지어 아이폰은 중국의 반미 불매 운동 대상에도 포함되지 않는다. 애플의 PEG는 3.22배에 달할 정도로 메타나 구글에 비해 고평가 영역이기도 하다. 애플 역시 '40-40클럽' 멤버이며, 애플카를 꿈꾼다면 지금이라도 포트폴리오에 넣는 데 주저함이 없을 것이다.

2020년 10월 25일, 이건희 회장의 별세 소식을 전하면서 「월스트리트저널」은 다음과 같이 지적했다.

"이 회장이 2014년 쓰러진 후 6년 동안 삼성은 애플과 달리 고객의 충성심을 높이는 데 필요한 소프트웨어나 서비스를 개발하지 못했다."

2020년 말 기준 삼성전자의 PER은 14배, 애플은 33배였다. 2021년 말 PER는 각각 11배, 31배다. 기업 간 격차가 좁아지기는커녕 더 벌어졌다. 한국에서는 흔한 거버넌스 이슈가 삼성전자 주가의 발목을 잡은 것은 사실이다. 하지만 삼성전자와 애플의 PER이 큰 차이가 나는 근본적인 이유는 비즈니스 모델 때문이다.

국제 금융계에서 삼성전자는 세계 최고의 경쟁력을 가진 'IT 하드웨어업체'로 인식되고 있다. 반면 애플은 '충성심 높은 10억 명 이상의 고객이 모인 생태계를 가진 기업'으로 변신했다는 평가를 받고 있다. 아이폰을 구매한 고객들은 집에 있는 컴퓨터도 아이맥, 노트북도 맥북에어로 깔아놓는다. 버핏이 애플에 투자한 것도 IT기업이 아니라 세계 최고의 컨슈머기업으로 생각했기 때문이다. "IT 주식을 사지 않는다"는 국내에 잘못 알려진 자신의 투자 원칙을 어긴 것이 아니다.

버핏은 현재 애플 지분을 5% 보유한 3대 주주다. 금액 기준 무려 190조 원이다. 하지만 그는 경영에 일절 관여하지 않으며, 이사회 자리도 요구하지 않았다. 2019년까지만 해도 20달러짜리 삼성 레트로 플립폰(SCH-U320)을 10년째 사용해 팀 쿡을 애타게 했던 버핏은 2020년 2월에야 쿡이 선물한 아이폰11로 바꿨다고 한다.

버핏이 애플 주식을 처음 매수한 것은 2016년 5월로, 평균 24달러에 1,000만 주를 샀다. 그가 대주주인 버크셔해서웨이는 현재 9억 4,400만 주를 보유하고 있다. 평균 매입 단가가 35달러이니 애플 한 종목으로 이후 5~6년 사이에 150조 원의 수익을 낸 셈이다.

버핏만큼이나 우리가 애플에 주목해야 하는 이유는 많다. 일단 15억 개 이상의 애플 제품(애플 운영체제iOS를 사용하는 디바이스 기준. 1년에 1억 개 이상 순증)을 사용하는 고객 10억 명을 보유한 생태계가 있다. 또 아이폰 사용자가 10억 명을 돌파했고, 매년 증가 추세라는 것이다. 재구매율이 90%에 달하는 충성심 높은 아이폰 고객이 우리 주변에 많고, 앱스토어, 애플 뮤직, 애플 아케이드 등 서비스 부문 고객이 급증해 7억 명 돌파한 것도 애플 투자에 나서야 하는 이유로 꼽힌다.

기본적으로 애플은 물건을 직접 만들지 않고 제품 기획, 디자인, 마케팅에 역량을 집중한다. 거의 유일하게 직접 만드는 것이 운영체제 소프트웨어와 반도체 칩이다. 2020년 말 애플은 PC용 중앙처리장치CPU 'M1'을 개발했다고 발표해 주목받았다. 2022년 들어서는 '울트라'를 붙여서 막강한 반도체 칩을 내놓으며 삼성전자는 물론이고 엔비디아와 AMD 같은 전문 반도체회사까지 떨게 했다. 애플이 무서운 이유는 자체 반도체 칩을 생산해 최고의 애플 제품에 직접 시험해보고 데이터값까지 모을 수 있다는 것이다. 이는 반도체만 만드는 회사들이 절대 따라올 수 없는 구조다.

애플은 중국에 대규모 공장을 가진 대만의 폭스콘Foxconn이나 페가트론Pegatron에 아이폰 제조를 위탁한다. R&D는 하지만 제조는 하지 않는 자산경량화 모델이다. 반면 삼성전자는 일본이나 독일 기업처럼 전 공정을 직접 생산한다. 품질관리 측면에서 장점도 있지만 엄청나게 많은 자본이 필요하다. 자본집약적 모델이라 주가 수익률 관점에선 불리할 수밖에 없다. 증시가 자본집약적 기업에 후한 점수를 주지 않는 이유는 이익의 변동성 때문이다. 산업 성격상 대규모 투자는 제품가격 등락을 유발해 이익 예측을 어렵게 만든다. 100명 가까운 애널리스트가 삼성전자를 커버하지만 수익 예상은 번번이 빗나간다.

스티브 잡스가 타계한 후 팀 쿡 CEO 리더십 하에 애플은 진화했고 계속 발전하고 있다. 시장이 애플의 막강한 생태계를 뒤늦게 재발견하고 서비스 부문에 주가 프리미엄을 부여하면서 PER이 3~4년 사이 꾸준히 레벨업되고 있다. 애플은 아이폰 비중을 줄이고 대신 마진이 높은 서비스 비중을 10년 사이에 5배 이상 늘렸다. 최근 실적을 보면 구독료가 지속적으로 발생하는 음악 스트리밍, 앱스토어 같은 서비스가 전체 매출의 23%를 차지한다. 앞으로 5~10년은 신성장동력을 헬스케어, 가상·증강현실, 머신러닝을 이용한 자율주행자동차 등에서 찾고 있다. 지난 몇 년간 매년 80조 원가량의 자사주 매입 및 소각을 단행해 주주 친화 최강자의 입지도 다졌다.

애플의 또 다른 '치트키'는 주식 수 감소다. 꾸준히 실적을 내는 기업의 주식이 감소한다는 것은 주당 순익이 급증한다는 뜻이다. 주식에 투자하는 사람이 애플을 외면하기 어려운 이유다. 아이폰에서 애플TV까지 순이익을 늘리는 애플이 주식을 매년 3% 이상 줄이는 것은 사실상 좋은 의미의 회계 부정에 가깝다. PER나 PBR이 아무리 높게 나와도 다른 지표인 ROE나 주당 현금흐름, 매출총이익률이 막강하기 때문에 고평가 논란에서 빗겨날 수 있다. 애플의 주식 수는 2020년 대비 2021년

3.5%나 감소했다. 한국 기업들의 주식 수가 유상증자 등을 통해 꾸준히 늘어나는 것과는 완전히 반대 행보다.

N: 넷플릭스 혹은 네이버 또는 엔비디아

앞으로 똑같이 '망가'로 포트폴리오를 구성한다고 해도 이제 'N'에서 갈림길이 생긴다. 넷플릭스, 네이버, 엔비디아(티커명:NVDA)가 후보군이다(물론 여유가 있다면 다 담아도 된다).

넷플릭스는 디즈니플러스, 아마존프라임 등 막강한 경쟁자들의 등장 속에서도 〈오징어게임〉을 출시하며 전 세계 콘텐츠 제작자들을 독려해 막강한 콘텐츠 제국을 만들고 있다. 네이버는 국내에서는 전자상거래 독점기업으로, 해외에서는 웹툰 유료화로 여전히 고속 성장 중이다. 2020년 11월 웹툰 유료화 이후 프랑스 등 주요 국가에서 만화앱 1위에 오르기도 했다. 덕분에 네이버의 2011년 2분기 콘텐츠 매출(뮤직스노우 등도 포함)은 작년 같은 기간보다 50% 넘게 상승했다.

엔비디아는 젠슨 황 CEO의 GPU 1등 전략으로 강력한 성장을 지속하고 있다. 이 반도체기업의 주가는 2022년 초에 큰 조정을 받았다. 이는 반대로 저렴하게 주식을 살 수 있는 기회로도 볼 수 있다. 이 때문에 월가의 목표주가와 실제 주가 간의 주가 괴리율은 2022년 1분기 기준으로 40%가 넘었고, 그만큼 2022년 3월에 강한 주가 반등이 나오기도 했다.

엔비디아는 투자 시 재무지표나 각종 주가 지표를 사랑하는 투자자들에게 아주 매력적인 기업이다. 대만계 CEO 젠슨 황도 주가를 띄우는 법을 잘 알고, 주주나 조직원들을 위해 어떻게 일해야 하는지 잘 아는 인물이다. 2021년 4분기 기준, 전년 동기 대비 순이익 증가율은 106.1%에 달했으며, 같은 기간 매출 증가율 역시 52.8%에 달했다. 매출총이익률이 40%가 넘으면 우량기업으로 불리는데, 엔비디아는 65.2%에 달한다. ROE 44.8%, 영업이익률 40.9%로 초우량 지표인 '40-40클럽' 멤버 중 하나다. 분기 매출 대비 연구개발 비중 역시 19.1%로 우량하다. 유동비율(1년 내 현금화 가능 자산÷1년 내 갚아야 할 부채)은 무려 665%에 달해 현금도 풍부하다.

한 줄로 요약하면 매출이 급증하고 있고, 수익성도 '넘사벽'이며, 주체하기 힘들 정도로 현금이 넘쳐나는 상장사라는 것이다.

다만 주식시장에서 최대 악재는 '기업의 주가가 비싸다'라는 것인데, 엔비디아의 2022년 예상 순이익 기준 PER은 43.7배에 달한다. 특히 비트코인 가격이 오르고 가상화폐 채굴이 활발할 때는 채굴에 필요한 GPU 수요가 꾸준했으니 엔비디아의 주가 고평가가 인정됐으나 러시아, 중국과 같은 주요 국가들이 코인 채굴시장에서 사실상 탈퇴하면서 엔비디아까지 그 영향권에 접어들고 있다. 또한 2022년 예상 배당 수익률은 0.07%로, 배당주로 불리기엔 미흡한 수준이다. 2020년 대비 2021년 엔비디아의 주식 수는 1.3% 증가했는데 자사주 매입과 소각이라는 주주 환원 정책에 좀 더 신경 써야 하는 상황이다.

그럼에도 엔비디아의 성장성은 미국 할리우드에서 확인 가능하다. 최근 할리우드 영화 그래픽 기술에 엔비디아가 빠지지 않고 등장한다는 점에서 연구개발의 성과가 드러나고 있다. 제94회 아카데미 시상식 후보작이었던 〈듄〉, 〈프리 가이〉, 〈007 노 타임 투 다이〉, 〈스파이더맨: 노 웨이 홈〉 모두 엔비디아의 AI 컴퓨팅 기술을 활용해 만들어진 작품들이다. 엔비디아는 그동안 벌어들인 수익을 계속해서 컴퓨터그래픽 영역을 확장하는 데 써왔는데, 이를 먼저 알아봐 준 곳은 할리우드 영화제작사들이다. 이들 영화에 제공하는 엔비디아 RTX 기술은 영화제작자의 창의성과 기교를 그대로 영화에 옮겨놓는 데 뛰어나다. 관람객들은 이것이 실제 장면인지, 아니면 엔비디아 기술이 활용된 컴퓨터그래픽이나 시각효과인지 구분이 불가능해졌다. 엔비디아는 이제 심해나 우주의 저 끝으로 관람객들을 인도하고 있으며, 이 같은 기술의 활용 범위는 우주개발, 자율주행, 메타버스로 점점 넓어지고 있다.

G: 구글(알파벳)

구글은 AI로 지구를 구하거나, 지구를 정복하거나, 둘 다 가능한 유일한 기업으로 꼽힌다. 구글은 알파고와 같은 수많은 자회사들을 통해 계속해서 성장 가능성을 품고 있다. 구글의 자회사 딥마인드가 개발한 '알파고'는 한국 대표 바둑기사인 이세돌 9단을 상대로 압승을 거두며 많은 주주들을 설레게 하기도 했다. 딥마인드는 AI 연구개발회사로 7,000억 원이 넘는 적자 회사였다. 꿈을 현실로 이루는 데 그만큼 많은 돈이 필요하기 때문이다. 그런데 2020년에 딥마인드가 사상 첫 흑자, 그것도 700억 원이 넘는 이익을 거뒀다. 이제 구글의 수많은 자회사들은 꿈만 꾸고 있지 않다는 뜻이다. 자회사 중 칼리코라는 바이오벤처 회사가 있는데, 이 회사는 심지어 벌거숭이두더지쥐를 연구 중이다. 이

쥐는 일반 생쥐보다 10배나 오래 산다. 구글이 쥐에 매달리는 것은 바로 인간 수명 연장의 꿈을 이루기 위해서다.

구글은 수많은 창작자들이 스스로 노력하게 만들고 자신은 막대한 돈을 거둬들이는 '봉이 김선달식 영업'에 능하다. 지금도 유튜브 세상에는 수많은 패러디 작품이나 매력적인 사람들의 독특한 콘텐츠가 즐비하다. 넷플릭스는 〈오징어게임〉 같은 콘텐츠를 위해 200억 원 이상을 투자했지만 구글은 앉아서 돈을 벌고 있는 것이다.

게다가 구글은 기회의 땅인 아프리카도 공략하고 있다. 구글은 '프로젝트 타라' 팀이 2021년에 아프리카 콩고공화국에 레이저를 이용한 데이터 송수신 실험에 성공했다고 밝혔다. 비용이나 지리적 여건 때문에 인터넷 광케이블을 깔기 어려운 아프리카에 무선 레이저로 인터넷 서비스를 제공하겠다는 뜻이다. 유튜브로 아시아와 유럽, 미국까지 정복한 구글이 이제 아프리카를 수중에 넣기 일보 직전이다. 한국에선 잘 안 통하지만 글로벌 검색 엔진 1위도 구글이다. 한국만 네이버가 최강자이지 구글의 전 세계 검색 점유율은 85%에 달한다.

최근 구글은 주가에도 신경 쓰는 모습이다. 유튜브와 구글 검색엔진으로 벌어들인 돈으로 자사주를 사서 소각하고 있는데, 2020년 대비 2021년 말 주식 수가 1.4% 감소했다. 애플처럼 실적이 늘어나는 기업이 주식 수까지 줄이면 주당 순익이 급증하니 투자자금이 쏠릴 수밖에 없다. 게다가 구글(알파벳)은 2022년 7월 15일 20대1로 액면분할한다고 발표했다. 같은 해 2월 기준 360만 원이 넘는 주가가 18만 원 수준으로 떨어지니 소액 투자자들도 손쉽게 알파벳 주식을 살 수 있게 됐다.

A: 아마존

전 세계 전자상거래를 평정한 아마존은 2021년 공급 대란을 틈타 물류회사로 거듭나려 하고 있다. 여러 장점을 얘기할 수 있지만, 아마존의 진정한 매력은 주식 유통 물량이 상대적으로 낮다는 것이다. 한때 CEO였던 '가장 유명한 대머리' 제프 베이조스(지분 9.9%) 등 특수관계인 지분이 13.4% 정도나 갖고 있어서 실제 주식 유통 물량(유동비율)이 전체 발행 주식의 86%에 그친다. 주식이나 모든 자산은 희소할수록 가치가 높다는 의미에서 매력적이다.

혁신 기업의 대명사가 된 테슬라 역시 일론 머스크 CEO의 개인 지분 물량이 높아 유동비율이 다른 주식보다 낮은 편이다. 머스크가 세금 이슈로 지분을 대거 정리했지만 여전히 그의 지분율이 높고, 당분간 머스크의 지분이 나오지 않을 경우 테슬라 주식은 희소가치를 누릴 수 있다. 2021년 3분기 기준 일론 머스크의 테슬라 지분율은 16.7%에 달했다.

다만 아마존이 물가 상승기에 비용 문제에 직면하고 있다는 점은 유의 깊게 살펴야 한다. 아마존에도 노조가 설립됐고, 이는 인건비 상승 요인으로 작용할 예정이다. '하루 만에 배송'은 더 이상 미국에서 특수한 현상이 아닐 수도 있다. 그동안 아마존은 노조 설립보다는 임금을 올려주는 식으로 대응했지만, 결국 노조를 통해 더 많은 인력을 고용하거나 기존 인력에게 더 높은 임금을 줘야 하는 상황에 내몰리고 있다.

8

글로벌 부자 되기 프로젝트
W.E.A.L.T.H

야구는 미국인들이 NFL(미식축구)과 함께 가장 사랑하는 스포츠 중 하나이며, 국내에서도 최고 인기 종목이다. 야구는 주식시장과 비슷하다. (겨울을 제외하면) 연중 지속된다는 점, 매일매일 승패가 기록된다는 것, 여러 가지 수치로 선수들을 평가한다는 점에서 매우 흡사하다.

여기서 간단한 퀴즈 하나. 2021년 6월 1일부터 2022년 1월 7일까지 매일매일 열리는 주식시장에서 주가가 오른 날은 '승'으로, 내리거나 보합(전날과 주가 같음)일 경우 '패'로 표시했을 때 두 상장사의 승패는 다음과 같다. 두 상장사는 각각 누구일까?

① 88승 66패

② 87승 67패

　정답은 ① 테슬라 ② 애플이다. 두 '팀'은 고작 1승 차이지만, 이 기간에 수익률은 엄청나게 차이가 난다. 테슬라는 70.7% 올랐고, 애플은 38.4% 상승했다.

　여기서 주식시장의 묘미가 드러난다. 이 기간에 미국시장에선 154 경기가 열렸고, 이는 메이저리그 시즌 경기와 엇비슷하다. 그런데 미국 시가총액 1위 애플과 이 기간 중 급등한 테슬라 승률은 각각 56.5%, 57.1%에 불과했다. 이 정도 승률이면 작년 메이저리그 아메리칸리그$_{AL}$에서 와일드카드도 따지 못한다. 포스트시즌에 진출조차 못 한 류현진 선수의 토론토와 비슷한 승률이다. 테슬라처럼 주가 수익률이 좋은 기업 역시 승패로 따지면 승률이 높지 않다. 이 말은 하락하는 날도 꽤 많다는 뜻이다.

　우리는 이 문제에서 "일희일비하지 말아야 한다"는 교훈을 얻을 수 있다. 테슬라가 6개월 동안 70% 이상 올랐지만 매일 열리는 주식시장에서 오른 날의 수는 내린 날보다 조금 많았을 뿐이다. 테슬라는 애플보다 단 하루 주가가 오른 날이 많았지만 수익률은 2배 가까이 차이가 났다.

　그렇다면 일희일비하지 말고 묻어둘 글로벌 주식에는 무엇이 있을까? 미국 기업 이외에도 세상에는 중장기 투자에 적합한 상장사가 많다.

(%)

종목	국적	매출총이익률	자기자본이익률	유동비율
Waste management	미국	44.63	24.92	75
Esteelauder	미국	75.93	57.7	190
Apple	미국	42.2	147.44	107
Lululemon	캐나다	57.18	36.1	207
Tesla	미국	26.6	16.1	139
Hermes	프랑스	71.5	19.9	362

2021년 4분기 기준.
자료: NH투자증권

W: 월트디즈니 혹은 월마트

2021년 3월 200달러가 넘었던 디즈니 주가는 코로나19와 오미크론 변이가 연달아 나타나며 한때 고점 대비 30%나 하락하기도 했다. 그러나 디즈니는 영화 〈스파이더맨: 노 웨이 홈〉과 같은 글로벌 대작과 오미크론 사망률의 하락 등으로 리오프닝 기대감에 주가 상승 기대감이 높아졌다.

디즈니의 강점은 막강한 콘텐츠에 대한 충성 고객들이다. 2022년 1분기까지 이어진 주가 약세로 월가의 추천을 받았으며, 온오프라인 확장성에서도 높은 점수를 받는다. 리오프닝으로 전 세계에 있는 디즈니월드의 관람객이 급증하면 코로나 이전 수준으로 실적이 회복될 것이다. 그러나 약점도 분명하다. 특히 최근 OTT(동영상 서비스)를 강화하면서 넷플릭스와 같은 막강한 회사와 경쟁하느라 비용이 늘고 있다. 이 때문에 2%대의 낮은 ROE를 기록 중이며 팬데믹 사태가 재발한다면 디즈니랜드와 같은 오프라인 거점은 또다시 휴점에 들어갈 수 있다.

미국 최대 유통업체 월마트WMT는 2021년 4분기에 어닝서프라이즈를 기록하며 2022년 실적 기대감을 높였다. 4분기 월마트의 순이익(35억 6,000만 달러)과 매출(1,528억 7,000만 달러)은 당시 월가 예상치를 뛰어넘었다. 월가는 미국 경제가 침체에 들어가지 않는다면 월마트는 꾸준히 실적 상승세를 보일 것으로 예측한다.

월마트는 코로나19로 인한 공급망 대란 위기에도 성공적으로 대응했다. 늘어난 운송비용은 소매가격 인상을 통해 해결했다. 자체적으로 전세 선박과 컨테이너를 투입해 재고를 확보하면서 위기에 잘 대처하는 모습을 보여 불확실성을 해소했다. 특히 월마트는 제품의 3분의 2 이상을 미국에서 조달하고 있어 글로벌 공급망 위기를 이겨내기에 손쉬웠다.

월마트는 구인난에 대처하기 위해 2021년 3차례 임금 인상을 단행하기도 했다. 사업 다각화도 다른 유통업체보다 좋은 실적을 기록하는 원동력이다. 광고, 온라인, 식료품 배달 등 새로 시작한 사업들이 탄력을 받고 있다. 특히 전자상거래 분야가 눈에 띄는데, 월마트의 전자상거래 매출은 2019년 이후 2년 새 70% 증가했다.

월마트는 2022년 2월에 자사주 매입과 배당금 인상 계획도 공개하면서 스스로 잘나가는 것을 증명했다.

E: 에스티로더

에스티로더는 최고의 감성을 판다는 '미美의 제국'을 구축했다. 휘하에 30개가 가까운 브랜드를 거느렸으며, 갈색병, 조말론 등과 같은 값

비싸고 유명한 제품들이 이 화장품 그룹에 속해 있다. 프랑스 로레알과 쌍벽을 이루는 글로벌 미국 회사이며, 75%가 넘는 매출총이익률을 통해 에스티로더가 얼마나 돈을 잘 버는지 알 수 있다.

에스티로더의 강점은 경기 영향이 덜한 명품 수요가 꾸준하다는 점이 팬데믹 상황에서도 증명됐다는 것이다. 또 막대한 연구개발비 투자를 가능케 하는 패밀리 경영(3대째)도 주목받고 있다. 약점은 이익 증가율 대비 높은 주가 수준이다. 또 백화점 매출이 하락하고 있고, 온라인 경쟁이 심화된다는 점도 리스크 요인이다.

A: 애플

전 세계 기업 중 최초로 시가총액 3조 달러를 찍은 애플은 "오늘이 가장 싼 주식"이라는 말에 걸맞은 우량주다. IT 주식에 알레르기를 일으켰던 워런 버핏은 물론이고, 반미 정서가 깊은 중국 소비자들의 마음도 뺏은 주식이다.

애플의 강점은 흔들리지 않는 '절대' 충성 고객과 꾸준한 자사주 매입과 소각이다. 특히 애플카 등 미래 사업 기대감도 높은 편이다. 약점은 꾸준히 제기되는 주가 고평가 문제다. 계속되는 공급망 리스크와 각국의 독점 규제는 애플 주가의 악재로 작용할 가능성이 높다.

L: 룰루레몬

캐나다 요가복 브랜드 룰루레몬은 운동복이면서도 평상복으로 입을 수 있는 옷들을 만들어 콧대 높은 미국시장까지 석권했다. 미국 나이키와의 법적 소송(특허침해 소송)을 통해 나이키의 견제를 심하게 받으면서 2022년 1분기 동안 주가도 고점 대비 많이 하락하기도 했는데, 월가에서 저가 매수 추천이 나오고 있다.

룰루레몬에 대해 국내에서 소개하는 대표적인 문구는 "요가복의 샤넬"이다. 캐나다의 국민 운동복은 강남을 중심으로 한국에도 상륙했다. 원래는 여성의 전유물이었는데 남성복도 입소문을 타고 있다. 남성 기준으로도 양복 하의 느낌의 바지, 조거 팬츠, 딱 달라붙는 바지, 루즈핏(다소 헐렁한 모양새) 바지 등 수십 가지의 바지가 나오고 있다.

이처럼 룰루레몬은 비싸고 질 좋은 옷을 성별, 나이에 상관없이 다양하게 팔고 있다. 나이키가 요가복을 10~15만 원, 국내 기업들이 3~5만 원에 팔 때 룰루레몬은 12~18만 원으로 가격을 매겨도 잘 팔린다. 여성들 사이에선 룰루레몬 요가복을 처음 산 사람은 있어도 한 번만 산 사람은 없다고 할 정도다. 룰루레몬은 영악하게도 각국의 요가 강사나 연예인 등 인플루언서들을 '엠배서더'(홍보대사)로 지정해 이들에게는 옷값을 깎아준다. 비싼 옷을 할인해서 받는다는 '특혜의식'으로 이들은 룰루레몬의 우수성을 자발적으로 알린다. 물가 상승기에 가격 전가력이 있다는 것이다.

룰루레몬의 CEO 칩 윌슨은 자신이 요가나 수영 등 각종 운동을 좋아하는 사람이라 자기가 운동하면서 만족할 수 있는 소재부터 개발했다. 땀 흡수가 잘 되면서 스트레칭이 가능한 소재 '루온', 악취를 예방하는 '실버센트', 콩이나 대나무에서 추출한 원료로 만든 소재를 지속적으로 개발해 공급 중이다. 칩 윌슨은 자신이 직접 입어 보고 불편하면 주머니를 넣고, 더 탄력이 필요한 곳에 특수 소재를 쓰는 등 계속해서 개발을 멈추지 않고 있다. 2022년 들어서는 나이키처럼 운동화를 만들어 팔기 시작했다. 운동화는 어떤 상품보다 마진이 높아서 본격적으로 나이키와 경쟁하는 모습이다.

2021년 6월에는 홈트레이닝용 스마트거울회사 '미러'를 5억 달러에 인수하면서 '구독경제'회사로 발돋움했다. 미러는 말 그대로 평소에는 거울이지만, 스위치를 켜면 거울 속에 강사가 나와서 각종 운동을 돕는다. 코로나 와중에 큰 인기를 끌었다. 미러의 제품 가격은 120만 원이 넘는데 거울만 사면 안 되고, 월 구독료를 내야 강사가 운동을 알려 준다.

홈트레이닝이 일반화된 것은 룰루레몬 주가의 상승 여력을 높인다. 그러나 나이키, 펠로톤 등 운동회사와의 경쟁 심화는 분명한 리스크다.

T: 테슬라

"주가는 의심 속에서 계속 오른다"는 격언이 딱 맞는 주식이 테슬라다. 2021년 테슬라의 순익은 전년 대비 10배 올랐고 주가도 10배 상승해 정직한 수익을 안겨줬다. 이제는 전기차 이상의 무언가를 보여줘야 할 때이며, 또 많은 의심에 쌓여 있다.

테슬라의 시가총액이 1,000조 달러를 넘으면서 삼성전자의 2배 수준을 보여주기도 했다. 테슬라는 특히 서학개미에게 중요한 의미를 갖는데, 지분의 1% 이상을 한국 투자자들이 보유한 것으로 알려졌다. 이는 금액으로 약 14조 원이다. 미국의 개인 투자자 '로빈 후드'도 70만 명

이상이 테슬라 주주라고 말한다.

3~4년 전까지만 해도 월가의 애널리스트들은 테슬라의 소프트웨어 개발 능력, 시스템 운영 노하우, 배터리 기술을 과소평가했다. 그러나 이제 세계 자동차시장의 대세는 전기차이고, 테슬라는 압도적인 리더십을 갖고 있다. 테슬라의 현재 주가에는 5~10년 또는 그 이후의 전기차시장과 테슬라의 지배적인 위상이 반영돼 있다.

5~10년 후 테슬라 주가가 2,000달러까지 갈 것이란 얘기가 월가에서 점점 설득력을 얻고 있다. 주가가 7달러이던 2013년부터 테슬라를 매수해 한때 8%의 지분을 보유했던 영국의 자산운용사 베일리기포드의 투자업종 접근법을 통해 테슬라 주가 2,000달러 가정을 분석해보자.

테슬라의 2021년 3분기 실적을 보면 테슬라는 지난 5년간 연 71% 전기차 판매 대수 증가를 기록했고 경영진은 앞으로 수년간 연 50% 성장이 가능하다고 자신했다. 3분기 전사 영업이익률은 예상을 뛰어넘는 15%였다. 반면 내연기관이 중심인 자동차업계 장기 영업이익률은 평균 4~5%다. 그동안 일론 머스크가 천재이지만 허풍이 센 경영자로 인식됐는데, 최근 실적 발표를 계기로 월가 전문가들 생각이 바뀌고 있다.

2026년 테슬라 주가는 2,000달러까지 갈까? 이것은 아무도 모른다. 그러나 이렇게 추정하는 근거를 따라가 볼 수는 있다. 2021년 매출액이 520억 달러이고, 5년간 연 50% 매출액 성장을 가정해보자. 이에 따라 2026년 매출액은 4,000억 달러가 될 것이고, 같은 해 전기차 판매대수는 760만 대가 된다. 2026년 20%의 순이익률 가정한다면 순이익은

800억 달러가 된다. 이에 따라 2026년 순이익에 25배를 곱하면 시가총액 2조 달러에 도달할 수 있다. 여기서 25배는 애플의 PER을 적용한 것이다. 이렇게 보면 테슬라 주가 2,000달러도 꿈으로 그치지 않을 가능성이 있다.

1908년에 설립된 에든버러 소재 베일리기포드는 2020년 상반기까지 일론 머스크 다음으로 테슬라의 지분을 많이 보유하고 있었다. 2020년 9월, 주가가 급등해 펀드에서 테슬라의 비중이 너무 커지자 내부 규정에 따라 40%를 시장에 매각했다고 발표해 화제가 된 적이 있다. 테슬라 주식은 리스크가 너무 커서 대부분의 전문가가 외면했는데도 7~8년간 보유한 소신과 끈기, 숨은 진주를 찾아내는 통찰력이 빛을 발했다. 이미 한 종목으로 32조 원 이상의 이익을 실현했고, 여전히 30조 원 이상의 테슬라 주식을 보유한 베일리기포드는 세계 최고의 성장주 투자 중심의 독립 운용사다. 영국의 금융 중심인 런던에서 비행기로 1시간 30분 거리에 있는 에든버러는 런던 증시의 잡음(소음)으로부터 멀리 떨어져 있고, 베일리기포드가 집중 투자하는 IT업종의 메카 실리콘밸리와는 지구 반대편에 있다. 결국 성공하는 투자는 얼마나 정보를 빨리 얻느냐보다 핵심 이슈에 대해 깊이 생각하는 능력에 달려 있음을 일깨워주는 사례다.

베일리기포드의 포트폴리오에서 주요 종목은 테슬라, 아마존, 알파벳, 모더나, ASML, 딜리버리히로, 쇼피파이, 알리바바, 텐센트, 넷플릭스 등이다. IT업종 외에 헬스케어·바이오업종에도 많이 투자한다. 2004년부터 투자해 평균 매수 단가가 100달러 내외인 아마존은 테슬라 주가가 급등하기 전까지 베일리기포드의 최대 포지션이었다.

베일리기포드가 테슬라를 선택한 것은 자율주행 관련 막대한 데이터와 테슬라 자체 생태계, 각국 정부의 친환경 정책 지속을 믿었기 때문이다. 그러나 포드, 리비안 등 경쟁자 출현했고, 일론 머스크 의존도가 너무 높다는 점은 리스크 요인이다.

H: 에르메스

지구 최고의 명품 브랜드인 프랑스 에르메스는 6세대에 걸친 장인정신으로 전 세계 소비자들의 사랑을 받고 있다. 2022년 초부터 최대 10%나 제품 가격을 올리자 온오프라인에서 품절 사태가 벌어졌다. 이제 에르메스에는 900만 원대 가방이 사라지고 모두 1,000만 원 이상의 돈을 지불해야 한다. 에르메스 주식 5주(주당 200만 원)만 있으면 된다. 에르메스의 강점은 뭐니 뭐니 해도 세계 최고의 가격 전가력이다. 원가 상승을 핑계로 가격을 올리면 더 많은 부자들이 에르메스 제품을 찾는다.

제품만큼이나 주식도 희소하다. 주식 절반을 오너 가문(H1)이 소유하고 있다. 부채 대비 현금성 자산을 뜻하는 유동비율이 300%가 넘는다. 그만큼 비싼 제품을 팔아서 번 돈이 많지만 빚은 거의 없다는 뜻이다.

에르메스도 약점은 있다. 친환경 트렌드에 맞지 않는 가죽제품이 가장 유명하고 잘 팔린다는 점이다. 친환경 투자를 철학으로 삼는 펀드들의 선택을 받기 어렵다. 또 글로벌 빅테크만큼이나 주가도 고평가돼 있다. 그런데 러시아의 우크라이나 침공으로 유럽 주식들이 조정을 받으면서 2022년 1~2월에 에르메스 주가도 고점 대비 30% 하락했다. 매년 에르메스 제품이 오르고 있는 점을 감안하면 이 같은 주식 할인은 프랑스 주식을 선호하는 투자자에게 최고의 기회일 수 있다.

9

워커홀릭 CEO는
결국 주가를 올려놓는다

매출, 영업이익, 순이익, PER, PBR, ROE, ROIC와 같은 주가 지표들은 그 기업이 좋은 주식이라는 점을 알려준다. 그러나 CEO가 엉망이라면 이 같은 수치가 아무리 좋아도 그 기업의 주가는 중장기 우상향하기 어렵다. 주가 지표 고평가 논란에도 테슬라, 엔비디아와 같은 주식들이 여전히 잘나가는 것은 CEO의 성격이 좋아서가 아니라, 이들이 지독한 워커홀릭인 데다 끊임없이 주주들과 소통하며, 지속적으로 돈을 벌 궁리를 하면서 자신의 시간을 아낌없이 쓰기 때문이다.

젠슨 황 엔비디아 CEO는 한다면 하는 사람이다. 그는 인공지능을 돌아가게 하는 반도체의 성능이 매년 2배 이상 증가할 것이라고 공언했고, 그 약속은 지켜졌다. 2012년 11월부터 2021년 5월까지 인공지능 연산을 위한 엔비디아 반도체의 성능은 317배나 높아졌다.

이 같은 '황의 법칙'은 사실 2002년 2월 황창규 삼성전자 반도체 총괄 사장이 원조이긴 하다. 그는 당시 미국 샌프란시스코 메리어트호텔에서 열린 국제반도체회로학술회의에서 "반도체 메모리 용량이 매년 2배씩 증가할 것"이라고 말하며 세상을 놀라게 했었다. 그의 바통을 이제 젠슨 황이 받아서 놀라운 주가 질주를 하고 있는 것이다.

엔비디아는 '워커홀릭' 젠슨 황의 지휘하에 CPU(중앙처리장치)와 비슷한 전력을 쓰면서도 몇 배나 빠른 연산이 가능한 GPU(그래픽처리장치) 시대를 열었다. 엔비디아 GPU는 수많은 기업들이 경쟁적으로 세우는 데이터센터와 비트코인 등 코인 채굴시장의 필수품이다. 글로벌 GPU시장에서 엔비디아의 점유율은 무려 70%에 달한다. 게다가 테슬라 등 자율주행차기업에도 막대한 반도체를 공급하며 빠르게 성장 중이다.

엔비디아 주가는 2021년 2배 이상 오르기도 했다. 반도체 연산 속도에 비례해 주가도 배가되는 모습이다. 엔비디아는 2021년 9월 400억 달러(약 47조 원)에 영국 반도체 설계회사 ARM을 인수합병한다고 선언했다. ARM은 주로 비메모리 반도체의 설계를 담당하고, 이를 엔비디아는 물론 애플이나 삼성전자에게 공급한다. 글로벌 모바일용 반도체 시장에서 ARM이 설계한 제품 비중은 무려 95%에 달한다. 이 같은 빅딜은 결국 각국 정부의 반대로 무산됐지만, 젠슨 황이 엔비디아를 더 키울 것이라는 데는 이견이 없는 상황이다.

대만 국적의 젠슨 황이 엔비디아를 키운 것은 투자 세계에서 이변은 아니다. 주식시장에서 대만 국적의 반도체기업 CEO는 홍행 보증수표나 다름없다. 파운드리 반도체 세계 1위이자 아시아 시가총액 1위 TSMC가 또 다른 사례다. 국내의 삼성전자와 경쟁하며 라이벌 구도를 형성하고 있으며, 대만의 경제 안보를 떠받치고 있는 TSMC는 '호국신산'(나라를 지키는 신령스러운 산)이라 불리는 대만인들의 자부심이다.

이 같은 TSMC의 성공에는 대만 반도체산업의 대부이자 창업자 장중머우(모리스 창) 전 회장의 역할이 절대적이었다.

모리스 창 회장은 1941년 일본이 홍콩을 점령하자 미국 이민 길에 올랐고, 덕분에 모리스 창이란 이름을 갖게 됐다. 미국에 도착한 그는 1949년 미국 하버드대에 입학했는데, 당시 신입생 중 그와 같은 중국계 출신은 모리스 창이 유일했다.

하버드에 다니던 도중 그는 자신의 진로를 작가에서 엔지니어로 변경하면서 반도체업계를 이끌 인재로 성장한다. 1952년과 1953년 MIT에서 기계공학 학사와 석사학위를 받은 그는 전기 공급장치를 만들던 실바니아일렉트로닉스에서 3년 동안 일한 후 1958년 텍사스인스트루먼트(TI)로 이직했다. 1972년, 모리스 창은 TI 반도체 부문 부사장으로 승진했고, 1978년에는 그룹 전체 부사장이 됐다. 모토로라에서도 CPU 사업부를 담당해 경영을 경험했다.

그렇게 승승장구하던 모리스 창이 54세에 대만으로 돌아간다는 결정은 대만 역사를 바꿔놓은 일대 사건이었다. 모리스 창은 침체한 대만 경제를 살릴 수 있는 기술은 반도체뿐이라고 여겼는데, 이 부분은 삼성의 고(故) 이건희 회장과 마찬가지였다. 두 사람 모두 반도체사업이 마지막 사업이라는 철학을 갖고 있으며, 누구보다 애국자였다. 모리스 창과 이건희 회장 모두 수조 원이 투입돼야 하는 반도체사업에 올인한 것은 당시로서 무모한 결정이라는 평가를 받았지만 TSMC와 삼성전자 모두 반도체 각 분야에서 전 세계 1위 기업으로 성장했다.

두 CEO의 철학에 매료돼 이들 기업에 중장기 투자한 사람들은 엄청난 부자가 됐다. 이들 기업에 중장기 투자한 사람들은 그 나라의 기간산업에 투자하면서 덤으로 주가 상승이라는 수혜도 누린 셈이다.

반도체 이외에 플랫폼, 헬스케어, 금융산업을 장악하고 있는 이들은 유대인들이다. 화이자와 모더나가 코로나 백신을 만들 수 있었던 것은 mRNA(메신저 RNA) 아이디어를 실제 백신 치료제로 만드는 상업화에 성공했기 때문이다. mRNA 아이디어는 카탈린 카리코라는 사람에서 시작됐지만, 1997년 면역학의 대가인 유대인 드루 와이즈만 교수를 통해서 빛을 보게 된다. 이렇게 탄생한 화이자 백신은 카리코가 현재 부사장으로 있는 독일 바이오엔테크와 공동개발한 것이다.

화이자 CEO 앨버트 불라와 백신개발팀을 이끈 미카엘 돌스텐이 유대인이다. 스웨덴 출신 돌스텐은 이스라엘에서 최첨단 면역학을 배운 뒤 신약 개발로 돌아섰다. 스탠퍼드대 연구원 데릭 로시는 유대인들의 아이디어에 감명받아 변형 mRNA를 이용한 백신을 개발하고자 모더나를 설립한다.

코로나 시절 모더나의 주가는 엄청나게 치솟으며 주식시장에서 뜨거운 감자로 떠올랐다. 모더나의 최고의료책임자 탈 작스 역시 이스라엘 벤구리온 대학 출신 유대인이다.

금융재벌 로스차일드, 미국 4대 은행 중 한 곳인 JP모건, 석유재벌 록펠러, 철도재벌 밴더빌트, 유대인 직원 비중이 높은 골드만삭스, 살아 있는 조지 소로스, 구글의 오너들 역시 모두 유대인들이다. 유대인들이 꼭 훌륭한 상장사를 만드는 것은 아니지만, 우량주를 사고 보니 그 회사 CEO가 유대인인 경우가 많을 수밖에 없다. 유대인들은 기본적으로 워커홀릭이며, 돈의 흐름에 밝다. 그래서 어느 회사보다 고객의 마음을 잘 읽으며, 주주 친화정책들에 능숙하다.

인도계 CEO들은 플랫폼기업들을 장악했는데, 이들 기업의 주주들은 인도 출신 CEO를 높게 평가한다. 마이크로소프트의 구독경제 모델은 현재 CEO인 인도 출신의 사티아 나델라를 빼놓고 말할 수 없다.

그는 취임하자마자 아마존이 잡고 있는 클라우드시장에 선전포고했고 2021년 3·4분기에는 아마존보다 높은 성장률을 기록하기도 했다. 마이크로소프트의 '애저'는 클라우드 점유율 20%(2021년 2분기 기준)로 아마존(33%)을 많이 따라잡았다. 여기에 추가로 마이크로소프트는 기존 윈도나 MS오피스 심지어 X박스 등의 제품을 묶어서 구독 서비스를 시작했고 가격도 인상하면서 수익성을 높여나가고 있다. 이 같은 아이디어는 모두 사티아 나델라의 머릿속에서 나온 것이다.

2010년 이후 미국 플랫폼기업 CEO에 인도인이 오르는 것은 흔한 일이 됐다. 2015년 10월 구글(알파벳) CEO에 취임한 순다르 피차이가 대표적이다.

1972년 인도 남부 도시 첸나이에서 태어난 그는 인도공과대학(IIT)을 졸업하고 1993년 미국으로 이민을 떠난다. 스탠퍼드대에서 재료공학과 전기공학을 공부하고 펜실베이니아대 경영대학원에서 경영학 석사학위(MBA)를 받은 그는 2004년 구글에 입사해 창업자인 래리 페이지의 눈에 띄어 고속 승진을 거듭하며 약 11년 만에 구글 CEO가 된 것이다.

미국 카우프먼재단에 따르면 2006~2012년 실리콘밸리에서 창업한 이민자 가운데 인도 출신이 32%로 가장 많았다. 공동 2위를 차지한 중국 출신과 영국 출신의 비율은 각각 5.4%에 불과해 인도는 그야말로 IT와 플랫폼기업 CEO를 대량 생산하는 국가가 됐다.

2017년 4월 7일 이후 2022년 4월 7일까지 알파벳 주가는 234% 올랐다. 같은 기간 미국 우량주 시장 지수인 S&P가 92% 오른 것을 감안하면 구글은 시장보다 2배 이상 오른 셈이다. 이 같은 실적에 인도 국적의 능력자 순다르 피차이의 역할은 대단했으며, 중장기 주가 전망도 밝은 편이다.

10

돈을 잃는 세상의 방식을 피하라

한국 기업에만 투자하는 것은 위험하다

탐욕과 두려움은 장기 투자를 어렵게 만든다. 그러나 이외에도 주변
의 소음에 휘둘리다 보면 원금 손실에 빠지기 십상이다.

주식시장에서는 하지 말라는 것만 안 해도 돈을 잃지 않는다. 그래서
네거티브 방식으로 피해야 할 것들을 따로 정리해봐야 한다. 일례로,
성경은 대표적인 네거티브다. 네거티브는 하지 말아야 하는 항목들을
열거해놓고 이를 절대 하지 말 것을 약속하되, 이외의 것들은 포괄적으
로 허용하는 방식이다. 성경에 나오는 10계명이 대표적이다. 살인, 간
음, 도둑질, 이웃에 대한 거짓말, 탐욕 등을 금지 단어로 정해놓았다. 네
거티브라는 말 자체는 부정적인 의미이지만, 철학이나 규칙을 정하는

측면에서는 네거티브야말로 인간의 자유를 보장한다.

한국은 대표적인 포지티브 방식이다. 수백 수천 가지의 항목들을 다 열거해놓고 요것만 하라는 방식이다. 이는 자율권을 크게 압박하며, 이번 코로나 팬데믹 사태에서 여실히 증명됐다. 그래서 수많은 석학들이 한국도 빨리 네거티브 방식으로 법령 체계를 바꿔야 한다고 주장한다.

기독교 철학을 바탕으로 큰 미국은 네거티브 방식으로 국가 시스템을 구축했고, 미국인들은 이 틀에 맞게 사고한다. 최대한으로 보장된 자율은 미국이 세계적인 기업들의 든든한 모태가 되는 데 일조했다. 이들 기업 중 상장사의 주가는 매년 10% 이상씩 평균적으로 오르고 있다.

글로벌 투자 큰손의 입장에서는 네거티브 체제의 미국 기업에 투자하는 것이 합리적이다. 포지티브 국가의 기업들은 그만큼 당국의 규제와 감시에 빠져 돌발 악재가 나오기 쉬운 구조다.

굳이 한국 기업에 투자한다면 미국 기업과 비슷한 기업에 투자해 리스크를 낮추는 방식이 있다. 특히 글로벌 시가총액 1위 기업인 애플과 비슷한 한국 주식을 찾아보면 어떨까.

애플의 최근 실적과 주요 지표는 다음과 같다.

① 전년 대비 최근(2021년 4분기) 매출 증가율: 11.1%
② 전년 대비 최근(2021년 4분기) 순익 증가율: 22.4%
③ 2022년 예상 실적 기준 PER: 27.5배
④ 2022년 예상 배당수익률: 0.5%

■ 국내 주식 시장에서 애플과 비슷한 주식 찾기

(%)

종목명	전년 대비 2021년 4분기		2022년 예상 기준	
	매출증가율	순익증가율	PER(배)	배당수익률
애플	11.1	22.4	27.5	0.5
HMM	121.4	1845.8	10.5	2.6
포스코인터내셔널	62.8	245.1	5	5.1
동국제강	53.8	154.4	7.1	1.3
S-Oil	93.7	138.2	6.5	4
POSCO	39.6	121.4	7.2	4.4
LG이노텍	48.9	116.8	7.2	2.3
효성티앤씨	66.9	96.3	8	0.7
SK하이닉스	55.4	87.5	2.5	7.7
삼성전자	24.4	64	3.6	2.4
현대글로비스	19.8	52.2	4.3	6.1
금호석유	58.6	48.2	4.7	1.7

2022년 예상은 증권사 3곳 이상 추정치 평균.

⑤ 2021년 말 기준 영업이익률: 33.5%
⑥ 2021년 말 기준 유동비율: 104%

유감스럽게도 국내 주식 중 애플의 모든 조건을 충족하는 상장사는 없다. 최근 매출과 순익이 각각 10%, 20% 이상씩 성장하면서 배당을 주고, 부채보다 자산이 많은 기업은 아직 국내에 존재하지 않는 것이다. 그러나 일부 조건을 충족하면서 비슷한 모양새를 보이는 국내 우량주들은 미래의 애플에 도전하고 있다.

자칭 전문가의 유혹을 피하자

최근 투자 세계에선 "구글에 투자하되, 유튜브를 맹신하지 말라"는 얘기가 있다. 유튜브는 구글의 자회사로 한 몸인데, 서로 상충하는 말처럼 보인다. 하지만 여기에는 중요한 투자 교훈이 담겨 있다. 구글의 주가는 장기 우상향하고 있는데, 이는 유튜브를 통한 매출 성장이 계속되고 있기 때문이다.

유튜브에는 재테크 분야의 재기발랄한 일반인과 전문가들이 섞여서 구독자들과 끊임없이 소통한다. 물론 이들 중에는 참고할 만한 투자 대가들도 많다. 그러나 이 와중에 일부는 검증되지도 않은 사실을 떠들고 나중에 책임지지도 않는다. 유튜브의 주요 콘텐츠에는 '투자는 본인의 책임'이라는 문구나 발언이 자주 나오지만, 이는 제약회사가 약 겉면에 깨알처럼 적어놓은 약의 부작용 문구와 다를 바 없다. 무책임하고 잘못된 정보가 넘쳐나도 구글은 책임이 없다. 그러나 많은 투자자들의 유튜브의 전문가라고 하는 사람의 말을 믿고 주식에 투자하는 경향이 점점 증가하고 있다.

잘못된 정보의 오류는 사이렌의 신화에 비유된다. 뮤즈 멜포메네와 강의 신 아켈로스의 딸이라고 하는 사이렌은 사실 마녀. 상반신은 여자, 하반신은 새의 모습을 하고 있으나, 나중에는 반인반어의 모습으로 그려지기도 한다. 사이렌은 노래와 연주 솜씨가 뛰어난데, 지중해의 한 섬에서 살면서 감미로운 목소리로 지나가는 배의 선원들을 유혹한다. 넓은 바다로 항해하면 되지만, 호기심이 많은 선원들은 사이렌의 유혹에 빠져 배를 섬 인근으로 갖다 댔다가 사이렌에게 잡아먹혀 버리기 일

쑤었다.

유튜브나 네이버의 블로그 등을 통해 의도적으로 자신이 보유한 주식들을 추천한 후 가격이 오르면 먼저 팔고 나가버리는 행태는 사이렌과 다를 바 없다. 그럴듯한 소문과 논리로 무장한 이들 전문가는 각종 플랫폼에서 활동하면서 소액 투자자들을 유혹한다.

이들의 유혹에서 벗어나 스스로 공부해 투자하는 버릇을 키워야 한다. 실제로 유튜브에서 믿을 만한 정보는 "스스로 공부해야 한다", "투자는 투자자 본인의 책임"이라는 말밖에 없다는 얘기도 나온다. 발품과 시간을 들여 진짜 정보를 투자자 본인의 것으로 만드는 습관이 절실한 시대다.

투자 세계에서 전문가를 증명하는 길은 금융 투자 세계에서의 경력과 자신의 수익률뿐이다. 영상 콘텐츠를 만들어 올리는 사람들은 '슈퍼개미'라고 하는 사람들을 잔뜩 모아놓고 이들의 말 하나하나가 금과옥조라고 포장한다. 아무리 전통 금융권 근무 경력이 중요하지 않은 시대라고 하지만, 이런 경력조차도 없는 사람들을 믿어야 할까? 문제는 이들이 나와서 자신들이 50억, 100억대 자산가라고 하는데 수익률 증명 없이 일장연설부터 시작한다는 것이다. 이들의 감미로운 목소리를 듣고 있노라면 이들의 유혹에 빠지기 십상이다.

제도권 금융 전문가의 문제점도 분명하다. 이들은 가장 나쁜 주식이 가장 많이 올라버린 주식이라는 사실에는 동의하면서도 이미 많이 급등한 주식들만 소개한다는 사실이다. 이들은 절대 따라서 사지 말라고 하지만, 이들의 얘기를 여과 없이 듣고 투자하는 사람들은 최고점에 매수해 수년간을 고생하는 사례가 빈번하다. 투자 세계의 겉모습은 매년 변하지만, 자칭 전문가의 말에 현혹돼 투자 손실이 커지는 양상은 매년 반복되고 있다.

자산 불리려면 집중투자, 지키려면 분산투자

유튜브 등 무료 콘텐츠의 가장 큰 문제점은 사기꾼뿐만 아니라 무책임한 분산투자 강조다. 분산투자가 필요한 사람들이 있고 집중투자가 필요한 투자자들이 있는데도 구독자에 대한 정보가 없다 보니 누구에게나 통용되는 정보만 공급한다는 것이다.

일부 우량주에 집중해서 투자하는 집중투자가 돈을 불리는 데에는 유리하다. 이를 대표적으로 증명하는 것이 13F다. 기관 투자자의 투자 종목이 나와 있는 13F를 살펴보면 워런 버핏은 자산의 절반 이상을 애플에 올인해놓았다. 보유 자산이 100조 원이 넘는 워런 버핏은 자산을 지키는 것이 중요한데도 애플에 집중투자했으니 대단한 리스크를 지고 있다고 봐야 한다. 하지만 워런 버핏 자신은 애플 이외에는 살만한 종목이 없다는 철학을 갖고 있다. 2022년 1분기 들어 에너지기업을 매수했는데, 그 비중이 애플에 비할 바는 되지 못한다.

워런 버핏 사례를 봐도 가장 좋은 투자 방식은 항상 주가가 오르는 주식에 100% 올인하는 것이다. 워런 버핏처럼 스스로 똑똑한 주식 하나에 집중투자한 것이 편안한 노후를 보장한다고 생각하면 그의 철학대로 따라갈 수 있다. 하지만 일반 투자자들은 워런 버핏과 같은 정보력을 갖지 못한다. 따라서 실적과 주가가 우상향할 확률 높은 주식에 중장기 분산투자하는 방식으로 노후를 대비하는 것이다.

수십 개의 종목에 분산투자할 경우 일부 종목은 급등하지만, 꽤 많은 종목들의 주가가 급락해 수익률은 평균을 찾아가기 마련이다. 주가 상승기에는 플러스 수익률을 기록할 수 있지만, 2022년 초와 같은 주가 조정기에는 시장 대비 마이너스 폭이 커진다는 문제점이 발견된다. 심지어 수십 개 종목이 일반적인 우량주 범주에 들지 않는 리스크 높은 주식이라면 상승기에도 주가 수익률이 기대에 미치지 못할 수 있다.

분산투자의 문제점은 ETF 투자를 통해 간접적으로 알 수 있다. 특정 업종에 투자했는데 수익률이 그 분야 1등 종목의 절반에도 미치지 못하는 경우가 다반사다. ETF라는 것은 테마별로 여러 주식을 묶어놓은 '묶음 상품'이어서 투자자 입장에서 만족스럽지 않은 종목들이 대거 포함돼 있다. 게다가 ETF는 포장 수수료 성격인 '보수'를 따로 받으니 투자자 입장에선 이 같은 비용 때문에 기대 수익률이 떨어진다.

이는 정치철학에서 민주주의와 철인정치로 곧잘 비유되기도 한다. 모든 사람보다 뛰어난 지혜와 선구안, 사사로운 욕심이 없는 절대 철인이 정치를 한다면 해당 국가는 초강대국으로 성장할 것이다. 이는 집중투자다. 그러나 여러 대의를 모아 정치를 한다면 절대 권력자가 만행을 저지르는 리스크를 낮출 수 있지만, 해당 국가는 이도 저도 아닌 평범한 국가에 머무를 수 있다는 것이다. 민주주의, 즉 분산투자는 이미 어느 정도 성장한 국가에는 더 적합한 방식으로 볼 수 있다. 이를 자산으로 바꿔서 보면 어느 정도 자산이 있는 자산가들은 철저히 분산·장기투자를 해서 지키는 방식이 필요하다. 그러나 시간적 여유가 없고 빠른 속도로 자산을 불리는 사람에게 여러 종목을 공부해야 하고 수익률을 끌어내릴 종목들이 다수 포함될 가능성이 있는 분산투자 방식은 적합하지 않은 것도 사실이다.

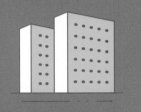

PART 3

부자로 가는 엘리베이터
부동산 잡기

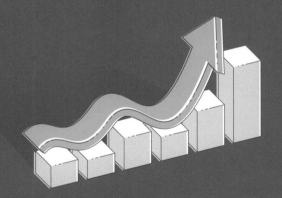

1

지난 5년 폭등장에서 배운 것

　2017년 이후 부동산시장에서 공격적인 투자를 해온 이들에게 지난 5년은 눈을 감고도 투자가 가능할 만큼 투자의 전성기였다. 5년간 한시도 쉬지 않고 규제지역과 대출규제지역, 취득세 중과지역을 차례대로 지정하면서, 핀셋처럼 투자처를 콕 찍어준 정부의 친절한 가이드라인 덕분이었다. 말하자면 지난 5년은 답안을 보면서 시험문제를 푸는 '오픈북 테스트'였던 셈이다.

　26번이 넘는 부동산 규제 중 굵직한 이슈만 골라서, 이 대책이 어떤 풍선효과를 만들었는지 간략히 돌아보기로 하자.

　가장 먼저 시장에 충격을 준 '2017년 8·2대책'은 서울 25개 구와 과천시·세종시를 투기과열지구 및 투기지역 등의 규제지역으로 지정하면서 정부가 오를 지역을 콕 찍어준 대표적인 대책이었다. 이때부터 서울 핵심지의 투자 광풍이 불기 시작했다. 임대사업자에게 종부세 면제 등의 혜택을 주면서 똘똘한 여러 채 전략으로 다주택자들의 아파트 수집이 본격적으로 시작된 해이기도 했다.

'2018년 9·13대책'은 5년간 가장 파괴력이 컸던 대책으로 꼽힌다. 다주택자의 주택담보대출을 원천 차단하면서, 갭투자의 수요를 꺾어놓은 전환점이 됐다. 이 대책으로 장기간 하락이 찾아오기도 했다. 대신 이때부터 투자자들은 '서울의 똘똘한 한 채 vs 지방의 똘똘한 여러 채'로 전략이 나뉜다. 비규제지역은 이 시기를 기점으로 햇볕이 들기 시작했다.

2019년에는 '8·12대책'의 영향력이 컸다. '규제 끝판왕'으로 불리는 민간택지 분양가상한제가 부활한 것이다. '분양가를 낮춰 서민들에게 기회를 주겠다'는 순진한 생각으로 시장과 싸우려 했던 정부는 전년도 9·13대책을 무력화하며 폭등하는 시장을 마주하게 됐다. 투자자들에게 '분양가상한제 = 분양절벽'이라는 공식이 이미 학습되어 있었기 때문이다. 이 시기부터 화려한 신축 초강세 시대가 열렸다. 향후 강남 등 서울 핵심지에서 신규 분양은 사라질 것이라는 공포감 속에서 기존의 신축은 부르는 게 값이 됐고, 핵심지 입주권의 몸값도 1달에 1억 원씩 뛸 만큼 폭등의 시작이었다.

특히 2019년은 강력한 대책이 하반기에 연속으로 발표된다. '12·16대책'에서는 자본주의 세상의 상식을 깨는 참신한 규제가 탄생했다. 아파트 가격을 15억 원을 기준으로 이보다 높은 가격의 아파트는 대출이 나오지 않는 시대가 열린 것이다. 이후 서울의 고가 아파트만 올라서 배가 아팠던 전 국민에게 복수의 시간이 펼쳐졌다. 15억 원 이하 아파트는 전국이 골고루 오르기 시작했다. 수용성의 시대는 이때부터. 몸이 단 투자자들은 지방의 똘똘한 여러 채를 주워 담으러 달려갔다. 그해 11월 부산의 '해수동'(해운대, 수영, 동래구)이 조정대상지역에서 해제되면서 부산의 대장주 삼익비치는 단기간 가격이 3배로 뛰는 경이로운 상승이 일어나기도 했다.

2020년에는 '더 쉬운' 시장이 열렸다. 비규제지역과 대출이 나오는 상품으로 풍선효과가 집중된 것이다. '6·17 대책' 때 수도권 대다수 지역이 조정대상지역으로 지정됐지만, 김포와 파주는 빠지면서 이들 지역은 1년 만에 2배가 급등하는 폭등이 일어나기도 했다. 대출이 넉넉히 나오는 아파트형 오피스텔 광풍도 이 시기부터 시작된 일이다. '7·10대책'에서 다주택자의 양도세와 보유세는 물론(1년 유예 기간 설정), 취득세를 8~12%로 올리면서 지방 투자의 판이 더 커졌다. 서울 및 핵심지 1주택자에게는 부담 없이 비규제지역 1채를 더 늘릴 수 있는 기회가 주어졌기 때문이다.

2020년 하반기 시작된 지방투자 러시로 부동산시장에 지각생으로 뛰어든 후발주자도 단돈 몇천만 원으로 지방 아파트 갭투자와 분양권 투자에 뛰어들어 4년의 지각비를 1년 만에 만회한 사례도 있었다.

그리고 마침내 2021년 대망의 폭등장이 펼쳐졌다. 경기도 오산, 인천 송도 등에서는 50%에 가까운 폭등이 있었고, 서울 전역에서 20%에 가까운 상승이 일어났다. 사실상 전국 모든 지역이 빠짐없이 올랐다.

26번의 대책 중에서 10번이 넘는 공급대책은 아무도 기억하지 못할 만큼 존재감이 없었다. 30만 호, 80만 호, 100만 호 등을 내세우며 '공급폭탄' 선언을 했지만, 서울의 재건축을 풀어주지 않는 한 저 숫자가 현실로 나타나기에는 10년 이상 걸린다는 걸 삼척동자도 알았다.

부동산투자는 미래를 예측하는 투자다. 호재가 생겨날 지역과 수요자가 몰려올 지역을 과감하게 선점해 돈을 버는 투자라는 이야기다. 말처럼 쉽지는 않다. 하지만 지난 5년은 시험 답안을 보고 나서 진입을 해도 충분히 이익을 얻을 수 있었다. 정부의 대책 발표를 공부한 뒤, 풍선효과 지역으로 달려가더라도 단기간에 100% 이상 수익을 내는 일은 흔했다.

중요한 건 앞으로 5년이다. 과거와 비슷한 시험 난이도가 유지될까? 아니다. 앞으로는 시험이 점점 어려워질 것이다. 선거 과정에서 여당과 야당이 차별 없이 재건축 규제 완화와 세금 감면을 공약으로 내걸고 선거를 치른 바 있다. 이 말은 정책의 방향성을 예측하기 힘들다는 것이다.

게다가 정부는 상승장의 피로도가 극심한 데다, 풍선효과에 대한 공포심까지 있어 하락하는 구간에 접어든 지방에서도 쉽게 조정지역을 해제하지 못하고 있다. 따라서 단순한 풍선효과를 노리고 특정 지역을 베팅하는 투자도 어려워질 가능성이 크다.

결론적으로 2022년 이후에는 국지적 차별화 장세보다는 대출 규제와 재건축 규제의 완화를 기대하고, 상반기 중 시장이 반등하기 시작하면 '재건축의 시대'를 맞을 준비를 하는 것이 가장 현명한 선택이 될 것이다.

2

재건축의 시대를 맞는 첫 번째 자세

2022년 부동산시장에서 가장 큰 변수는 대선이었다. 여당과 야당 대선 후보의 부동산 공약에 투자자들의 이목이 쏠렸고, 실제로 선거에서도 부동산 공약과 세금 이슈는 큰 변수로 작동했다.

윤석열 대통령의 후보 시절 가장 파괴력 있는 공약은 민간 재개발·재건축 규제 완화였다. 서울과 경기도의 노후 아파트는 이미 임계점을 넘어서 폭발적으로 증가하고 있다. 용적률 100~200% 안팎의 30년 차 노후 아파트는 재건축만으로도 세대수가 2배 가까이 늘어나 공급을 늘려주는 효과가 확실하다.

선거 과정에서 두 후보가 모두 노원구 주공아파트 일대를 방문해 재건축 추진의 목소리를 낸 이유는 각자 정책은 다를지언정, 1,000만 서울 시민과 1,500만 경기도 시민 모두를 만족시킬 공약이 재건축 추진임을 눈치챘기 때문일 것이다.

선거 과정에서 양당이 정책에서 일부나마 접점을 찾은 부분을 먼저 주목해야 한다. 야당에서도 정책적 협조를 할 수밖에 없는 교집합이 있기 때문이다. 바로 분당, 일산, 중동, 평촌, 산본 등 1기 신도시 이야기다. 1기 신도시 29만 가구는 2022년부터 차례로 30년 차를 맞아 재건축 연한을 채우게 된다. 게다가 이 지역은 고속도로와 지하철 등 충분한 인프라가 깔려있어 당장 서울 핵심지에 준하는 신축 아파트를 공급할 수 있는 매력적인 입지다.

당시 윤석열 후보는 용적률 상향과 사업 촉진을 위한 특별법을 제정해 10만 가구를 더 지어 공급하겠다고 주장했고, 이재명 후보는 리모델링에 무게가 실었다. 대선의 결과가 어떻게 나오더라도 1기 신도시에서는 기름에 불을 붙이는 것처럼 폭발적인 시장의 요동이 일어날 수 있다는 이야기였다.

또 하나의 변수가 있다. 2022년 7월은 지난 5년간 시장에 가장 강력한 영향을 준 '임대차 3법' 시행 2년이 되는 시기다. 울며 겨자 먹기로 기존 전세보증금 수준으로 2년 재계약을 해준 집주인들은 기존 세입자를 보내고, 2배 가까이 오른 전셋값 인상분을 일시에 반영할 준비를 하고 있다. 다시 한번 임대시장의 폭등이 눈앞으로 다가오고 있는 것이다.

이미 2021년부터 폭등한 임대차 가격으로 인해 서울에서 파주, 김포, 일산, 분당, 용인 등지로 쫓겨난 2030세대가 많았다. 2022년 여름은 또한 번의 경기도 이주 러시가 일어날 타이밍이다. 현재의 부동산시장에서 1주택 실수요자를 제외한 투자자는 대출규제로 인해서, 갭투자 외에는 투자하기가 쉽지 않아졌다.

경기도 신축에서 거주하다가 4년 만에 전셋집을 새롭게 찾아야 하는 수요들은 현재 경기도 신도시 구축 외에는, 전세대출을 더한 5~8억 원의 가용자금으로 전셋집을 구할 수 있는 지역이 많지 않다. 이 수요를 유입시킬 지역이 1기 신도시 구축이 될 수 있다. 전세수요가 늘어나는 지역은 갭투자의 성지가 된다. 매매가격도 오를 가능성이 커진다는 말이다.

1기 신도시는 향후 큰 꿈을 꾸는 정치인들에게 가장 중요한 숙제 중 하나가 될 것이다. 도시 전체가 30년 차 이상 아파트로 낡아가기 시작하면 급격하게 슬럼화가 될 가능성이 있고, 서울의 폭발하는 주택 수요를 대체하기 위해서라도 최상위 입지인 1기 신도시의 재건축은 피할 수 없는 선택이다. 2024년 전후 강남에 쏟아지는 공급물량과, 2020년대 후반 일부 3기 신도시 입주 시기를 1기 신도시의 이주 대책으로 삼는다면, 1기 신도시에만 양질의 신축 20만 가구 이상을 공급할 수 있는 절호의 기회로 삼을 수 있다.

1기 신도시 투자를 위해서는 현재 진행속도가 빠른 단지를 고르는 것이 유리할 것이다. 현재 조합설립을 위해 뛰고 있는 분당의 시범단지와 분당, 일산, 평촌의 일부 리모델링 추진 단지 등은 장거리 달리기에서 선두권을 유지하는 그룹이다. 1기 신도시는 입주시기가 모두 비슷하기 때문에 한 걸음이라도 빠른 단지가 무조건 유리하다.

이주로 인한 전셋값 상승을 감안하면 1기 신도시 재건축은 10년 이상 걸리는 장거리 경주가 될 수밖에 없고, 연식이 불과 1년만 차이 나더라도 정비 시기는 크게 벌어질 수도 있다. 단지 연식이 빠르다고 유리한 것만도 아니다. 평형이 단일해 주민들의 의견 단합이 쉽거나, 용적률이 특별히 낮아 사업성이 좋은 단지를 고르는 것도 중요하다.

무엇보다도 아직 1기 신도시는 2030세대 신혼부부에게도 대출만 받으면 매수가 가능할 만큼 가격 거품이 덜한 상품들이다. 향후 5년간의 재건축 시대를 맞아, 2030세대에게 가장 추천하고 싶은 상품은 단연 1기 신도시다.

3

서울 재건축은 '속도'가 전부가 아니다

1기 신도시 투자를 이야기했으니 이제 서울로 돌아올 시간이다. 재건축의 시대가 길게는 향후 10년 이상 지속될 것이라는 사실은, 축적되고 있는 노후 아파트 물량만으로도 예상이 가능하다. 가장 중요한 건 어떤 전략을 짜는지에 따라 수익률이 크게 벌어질 수 있다는 점이다.

서울 내에 자리 잡은 대규모 재건축 밀집 지역은 크게 강남, 서초, 여의도, 목동, 노원을 대표적으로 꼽을 수 있다. 지역별로도 특징이 다르고 투자 전략이 다를 수밖에 없다.

윤석열 대통령은 후보 시절 서울 재건축 규제완화를 공약으로 내걸었다. 이 공약의 핵심은 재건축 안전진단의 완화다. 길게는 10년 이상 걸리는 재건축 정비사업의 첫 단추는 안전진단이다. 현재 서울 내 최대 재건축 물량이 밀집된 목동과 노원구는 모두 안전진단의 첫 단계부터 발목이 잡혀있다. 따라서 초기 단계에 있는 두 지역의 투자 매력도는 윤석열 정부에서 상대적으로 높아진다고 볼 수 있다. 재건축 밀집지역이다 보니 향후 정밀 안전진단 통과 단지가 늘고, 조합 설립 소식이 들려올 때마다 가격이 계단식으로 상승 가능성이 높다. 즉, 아직은 상승 여력이 많이 남아있다고 볼 수 있다.

강남구는 동 단위 재건축이 거의 마무리를 한 개포동의 바통을 이제 막 재건축의 기지개를 켜고 있는 압구정동과 대치동이 이어받는다. 지난 10여 년간 서울 재건축 시장의 왕좌를 지켜온 서초구는 대한민국 대장 아파트를 여럿 보유한 반포동의 바통을 방배동이 이어받는다. 노후 아파트 비중이 가장 밀집된 두 자치구는 향후 10년간도 부동산시장을 이끌어갈 것이다.

다만 시장에 큰 폭등을 가져올 파괴력이 커서, 정부 규제가 집중될 것이라는 리스크를 염두에 둬야 한다. 대통령에 이어 지방선거에서 서울 시장을 국민의힘에서 배출한다고 하더라도, 토지거래허가제는 상수가 될 가능성이 크다. 실거주를 해야 하는 '몸테크'와 함께 갭투자를 할 수 없다는 점에서 투자금도 무거워진다. 강남과 서초 재건축은 고액 자산가에게만 열려있는 시장이 지속될 가능성이 여전하다. 따라서 강남과 서초 지역은 현재 관리처분계획인가 단계를 이미 통과해 초과이익환수제 등에서 자유로운 후기 재건축 사업의 투자이익이 클 수밖에 없다.

여의도와 목동, 노원은 10여 개 이상의 대단지가 밀집해 있어 정치인들의 결단이 필요한 지역이다. 이 지역들도 1기 신도시와 동일한 전략이 필요하다. 단 한 단계라도 속도가 빠르거나, 평형이 단일화되어 갈등 요소가 적은 단지를 선점하는 게 중요하다. 노원구는 서민주거지라는 점이 장점으로 작용해 토지거래허가구역 지정에서 앞으로도 안전할 가능성이 크다.

이들 5개 지역에서도 세부 단지를 고를 때는 '재건축초과이익환수제(재초환)'와 '분양가상한제'를 염두에 두고 미래 수익률을 사전에 계산하는 게 중요하다. 재초환에서 훼손되는 사업성이 큰 단지는 조합설립이 오래전에 이루어진 중기 재건축 단지다.

예를 들어 반포주공1단지 3주구와 잠실주공5단지가 대표적으로 국토교통부로부터 가구당 4억 원 이상의 환수금을 사전 통보받은 적이 있다. 이 단지들의 가격에 마이너스 프리미엄이 현재에도 붙어있는 이유다. 인수위원회는 재건축초과이익환수제에 대해서도 손을 대겠다고 발표했으나, 구체적인 방향성이 나올 때까지는 보수적으로 생각하는 것이 좋아 보인다.

재초환의 계산식에서 중요한 건 재건축 추진위 구성 시점부터 입주 시점까지의 평균 집값 상승분을 기준으로 부과된다는 점이다. 따라서 재건축 조합 설립이 되지 않고 안전진단 단계에 있는 초기 재건축은 현재 가파르게 오른 가격을 기준으로 상승분이 계산된다. 초기 재건축이 중기 재건축보다 수익성에서 유리할 수 있는 이유다. 이미 20억 원을 넘어선 목동의 30평대 단지가 재건축 후 가격이 상승하더라도 초과이익을 계산한다면, 잠실주공5단지만큼 환수금이 부과될 가능성은 작다. 따라서 여의도, 목동, 노원은 모두 재초환에서 상대적으로 유리한 지역이다.

또 하나의 환수금 폭탄을 피할 전략은 이미 용적률이 높거나, 기존 가격이 압도적으로 높아 1대1 재건축에 나서는 단지를 선택하는 것이다. 1대1 재건축은 종후 상승폭이 제한되어 있고, 고급화 의지도 높아 건축비용으로 환수금의 상당 부분을 상쇄할 가능성이 큰 편이다.

분양가상한제 또한 변수다. 현재 서울의 공급의 목줄을 죄고 있는 제도이지만, 해제 여부는 불투명하다. 그렇다면 상대적으로 상한제의 적용 강도가 낮은 지역을 고르는 것이 방법일 것이다. 예를 들어 지난 10여 년 동안 신규 분양이 없었던 잠실지역에서 진주아파트와 미성크로바아파트는 착공이 이뤄졌음에도 분양이 늦춰지고 있다. 비교할 만한 분양단지가 없어 분양가가 지나치게 눌려있기 때문이다.

이처럼 인근 지역에 분양가 산정을 위해 유리한 최근의 분양사례가 없는 지역은 상대적으로 피해를 볼 수밖에 없다. 반포지역의 분양가가 순차적으로 높아지고 있는 것은 지난 5년 이상 쉬지 않고 분양이 이뤄졌기 때문이다. 따라서 최근 분양가 산정을 한 인근 단지가 있는 것이 절대적으로 유리하다.

과거에는 뉴타운지역 1호로 입주되는 아파트의 가격 상승폭이 가장 크다는 것이 정설이었다. 길음뉴타운, 아현뉴타운, 개포동 등 이미 사례가 많다. 하지만 현재는 재초환과 분양가상한제로 인해 속도에서

1등으로 앞서가는 단지가 무조건 좋은 건 아니다. 그만큼 규제의 폭탄을 앞서서 맞게 되고, 분양가 산정도 불리하기 때문이다.

많은 변수를 사전에 계산하면 더 스마트한 투자를 할 수 있겠지만, 현재 서울에서는 신축단지보다 재건축 단지를 선택하는 것만으로도 상대적으로 수익이 클 가능성이 매우 높다. 이것이 윤석열 정권에서 재건축 시장을 꼭 눈여겨봐야 하는 이유다.

4

재건축 시대의 간접투자, 건설주 투자법

1기 신도시와 서울까지도 다뤘는데 아직도 남은 게 있을까? 이번에는 주식투자를 통해 부동산시장에 간접적으로 참여하는 방법을 알아보자.

'310만 호 vs 250만 호'

이번 대선에서 이재명 후보와 윤석열 후보가 각각 내세운 차기 정부의 주택공급 숫자다. 두 숫자가 모두 터무니없이 과장된 숫자인 건 모두가 알 것이다. 단 여기서도 얻을 만한 투자의 힌트는 있다. 지난 5년간 정부가 "공급은 부족하지 않다"고 돌림노래를 해왔으니, 차기 정권은 "공급은 확실하게 하겠다"는 정반대의 목소리를 낼 것이라는 사실이다. 이건 어떤 투자 신호를 말하는 것일까? 바로 건설주 투자의 적기가 왔다는 의미다.

건설주 투자는 사실 매우 투자하기 까다로운 '시크리컬 섹터(경기 민감주)'에 속한다. 경기의 순환을 예측할 수 있다면 모두가 워런 버핏만큼 부호가 될 수 있을 것이다. 하지만 국내 건설주는 단순한 경기 민감주는 아니다. 국내 부동산시장의 특수성으로 인해서 정치인의 입에 따라 요동치는 '정치 민감주'라고 보는 게 더 적합하다.

건설업종 기업의 이익을 만들어내는 구성요소는 크게 '해외토목공사 수주 + 국내 아파트 건설'이라는 2중의 수익구조다. 건설주 투자는 10년 가까이 출구가 없는 늪처럼 하락만 지속하는 재미없는 섹터로 외면받았다. 그 이유는 2중 수익요소가 모두 망가졌기 때문이다.

국내 건설사들의 텃밭은 오일 머니를 세계에 뿌리는 중동의 석유 부국이었다. 그런데 미국의 셰일혁명 이후 유가가 장기간 저유가로 고착되었고, 거기다 민주당 정부의 강력한 부동산 규제가 더해졌다. 부동산 규제는 건설사 입장에선 밥그릇이 줄어드는 것과 다름없다.

지난 10년간 주가 추이를 보겠다. 끝도 없이 추락한 10년이었다. 중간에 잠깐 반짝한 시기는 대북 특수로 버블이 생겼을 때 정도다. 반전은 코로나19로 인해 발생했다. 전 세계가 셧다운되면서 마이너스 유가라는 사상 초유의 사건이 발생했고, 항공기 운항이 모두 끊어지는 극단적인 상황까지 일어났다.

그런데 극단적 저유가는 석유기업의 시추와 셰일기업들의 투자까지

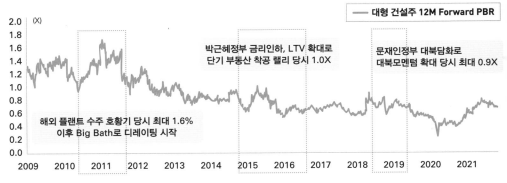

■ 대형 건설주 역사적 12M Forward PBR 추이

대형 건설주 12M Forward PBR

박근혜정부 금리인하, LTV 확대로
단기 부동산 착공 랠리 당시 1.0X

문재인정부 대북담화로
대북모멘텀 확대 당시 최대 0.9X

해외 플랜트 수주 호황기 당시 최대 1.6%
이후 Big Bath로 디레이팅 시작

자료: 국토교통부, 부동산114, 이베스트투자증권 리서치센터

도 얼어붙게 했다. 결과는 10년 만에 고유가 시대를 되살려냈다. 인플
레이션이란 말이 요즘엔 매일 들려온다. 고유가 시대의 수혜 기업은 단
연 건설회사다.

또 하나는 국내 부동산시장의 미묘한 온도변화다. 극단적으로 폭등
한 전국의 아파트값은 공급이라는 출구를 다시 찾게 만들었다. 그리고
마침내 재건축에 우호적인 환경이 펼쳐졌다. 예를 하나 들어보자. 단군
이래 최대 재건축이라는 수식어가 붙었던 반포주공1단지 1, 2, 4주구
의 사업비는 얼마일까? 5,000여 가구에 불과한 단지가 무려 10조 원에
달한다. 2017년 9월, 국내 양대 건설사인 현대건설과 GS건설이 명운을
걸고 맞붙어 현대건설이 승리했다. 수주 소식만으로 주가가 들썩일 정
도의 호재였다.

여기서 상상력이 필요하다. 서울의 강남구와 서초구, 송파구 등 강
남 3구에만 현재 10만 가구가 넘는 30년 차 이상 노후 아파트가 대기하

고 있다. 재건축 단지의 시공사 선정은 사업시행인가 직후에 이뤄진다. 2021년부터 서울시의 '신속통합기획'을 통해 재건축 조합설립 속도전을 펼치고 있는 재건축 대장주들이 1~2년 후면 줄줄이 수주전에 나선다는 말이다. 심지어 인수위원회는 조합설립 이후에 시공사 선정을 하도록 앞당기는 방안도 고려했다.

2021년 국내 건설사 중 도시정비 신규 수주 1위를 기록한 현대건설의 수주액은 5조 5,499억 원이었다. 인플레이션과 비싸진 땅값으로 인해 현재 압구정동이나 대치동의 1~2개 대형단지를 수주하는 것만으로도 달성 가능한 금액일 것이다. 게다가 최근 리모델링 시장이 본격적으로 열리고 있는데, 가구당 건축비용은 빈 땅에 짓는 재건축이 평당 500만 원 안팎인 데 비해, 리모델링은 평당 600만 원 이상으로 오히려 비싼 상황이다.

부동산투자자들에게 건설주 투자가 유리한 이유는 아파트의 브랜드와 입지적 특성에 해박하기 때문이다. 예를 들어 서울의 마포구는 한때 '래미안 타운'이었다. 공덕 래미안이 1차부터 5차까지 수주전을 휩쓸었지만, 래미안이 재건축 사업에서 철수한 후 이 자리를 자이가 물려받으며 '자이 타운'으로 거듭났다. 마포 인근 지역에서 수주전이 펼쳐진다면 앞으로도 GS건설이 유리하다는 이야기다. 이처럼 향후 수년간 쉼 없이 펼쳐질 수주전에서 입지와 브랜드 이해도를 바탕으로 선전할 건설사를 잘 예측해 나간다면 종목을 고르는 것도 어렵지 않을 것이다.

건설 섹터는 장기적으로도 10년간 눌려있어서 국내 주식시장에서 가장 저평가된 섹터이기도 하다. PER이 10배는커녕 5배에도 못 미치는 건설사가 수두룩하다. 이런 저평가된 섹터에 고유가와 재건축 규제 완화라는 양대 호재가 찾아오고 있는 시장으로 성격이 바뀌고 있다.

그리고 앞으로 주의 깊게 봐야 할 대목은 건설회사의 수익에 결정적 악재로 작용하는 '분양가상한제'가 향후 공급난 해소를 위해 풀릴 가능성도 있다는 점이다. 규제의 완화 추이를 잘 주목해보길 바란다.

무엇보다도 수천만 원에서 수억 원의 목돈이 필요한 아파트 투자와 달리 건설주 투자는 소액으로도 가능하다. 부동산 임대 수익과 지가의 상승을 기반으로 최근 인기를 얻고 있는 리츠REITs와 더불어 건설주 투자는 부동산투자자들이 기존 주식투자자보다도 유리한 입장에서 벌이는 게임이다. 간접 투자를 통해 부동산시장을 경험해보는 것은 향후 주택 시장을 투자하는 데도 도움이 될 것이다.

5

타임머신 탑승자들에게 건네는 팁

지난 5년간 무주택자들의 꿈은 '내가 1년 전으로만 돌아갈 수 있으면 얼마나 좋을까'라는 바람이었을 것이다. 나에게 충분한 돈이 있었고 충분한 기회도 있었지만, 시기를 놓쳐 몇억 원을 벌 수 있는 기회를 놓친 믿기 싫은 현실을 몇 번이고 경험했을 테니까 말이다. 그런데 놀랍게도 새로운 정권 출범 이후 그 꿈을 실현할 기회가 찾아왔다.

지난 6개월가량 겪은 집값의 조정은 대선이라는 5년 만의 이벤트를 통해 찾아온 보기 드문 매수 기회였다. 서울의 일부 지역 아파트는 꿈에도 그리던 1년 전 실거래가격으로 호가가 돌아갔다. 타임머신을 타고 1년 전으로 돌아온 셈이다. 그런데 아직도 '호갱노노'에 나오는 실거래가 가격만 보고서, '아직 더 빠지지 않을까' 하며 희망회로를 돌리는 사람들이 많다. 지난 5년 동안의 기억을 더듬어보길 바란다. 매수 기회는 결코 길게 머물지 않는다.

무엇보다 대선 결과라는 가장 큰 불확실성이 해소되었다. 지금의 상황은 매수세와 매도세보다도 더 큰 변수였던 불안한 심리라는 변수가 제거된 것이다. 약 6개월 전부터 하락을 시작한 세종, 대구를 시작으로 동탄, 인천, 일산, 파주 등까지 슬금슬금 가격이 빠지는 하락세의 영향이 서울로도 번져온 지 3개월이 지났다. 좀 더 구체적으로 시장을 분석해보면, 조정기 서울에서도 비교적 외곽에 속하는 '노도강성금관구(노원구, 도봉구, 강북구, 성북구, 금천구, 관악구, 구로구)' 지역의 조정폭이 상대적으로 가팔랐다. 성북구처럼 대량 입주물량의 영향을 받은 지역도 있지만, 대부분 2020~2021년 폭등장에서 막바지에 뒷심을 발휘했던 지역이다. 유동성과 심리의 힘으로 크게 올라갔으니, 반대급부로 가파르게 하락하게 된 것이다.

2022년 올봄을 기점으로 집값이 바닥을 잡고 반등하게 된다면, 반등은 반대로 강남에서 시작할 가능성이 크다. 향후 5년은 '재건축의 시대'다. 냉정하게 말하면 지난 6개월 동안도 강남에선 하락을 한 적이 없다. 대한민국 대장주 아리팍(아크로리버파크)이 46억 6,000만 원을 돌파하며 신기록을 쓴 뉴스가 나온 게 2월 말의 일이다.

타임머신을 타고 1년 전으로 돌아온 이들이 눈여겨봐야 할 지역이나 상품은 어떤 게 있을지 짚어보자. 대선 이후 대출규제 완화는 이미 기정사실로 되고 있다. 대출규제 완화가 1주택자 대상으로 LTV 70% 선으로 완화되는 건 윤석열 대통령이 공약으로 내걸었기 때문이고, 금융위원회도 더 이상 대선까지 집값을 강제로 누르고 있어야 했던 동력을 잃었다.

15억 이상 대출금지라는 역대급 규제가 폐지될지 여부는 아직 불투명하다. 그렇다면 금융환경이 '1년 전으로 후진'한다는 가정하에 시장이 제자리로 돌아갈 것이라는 예측이 합리적이다. 이번 조정장에서 급매를 쏟아내고, 1년 전 가격으로 회귀한 단지들이 매수의 적기라는 말이다. 15억 원 이상 LTV 0% 아파트들은 하락폭이 상대적으로 미미했다. 이미 대출규제를 극한으로 받고 있어서, 상승폭도 미미했고 대출규제가 강해져도 가격에 미치는 영향이 적었기 때문이다.

5년간의 장기전을 대비한다면 서울 구축, 1기 신도시 구축, 강남권 재건축이 유리한 것은 분명하지만, 지금 타임머신을 탑승한 매수자들은 당장 급매들을 잡아야 한다. 10~15억 원 사이에 촘촘하게 분포한 서울지역 아파트들을 눈여겨보길 바란다. 서대문구, 은평구, 마포구, 강동구, 관악구, 영등포구 등 실거주 여건으로 비교적 선호되는 지역에도 많은 단지의 급매가 나와 있다. 이들 지역은 대출규제의 직격탄으로 10% 안팎의 하락을 보인 단지들이 많이 있다.

동탄, 송도, 세종지역의 신축 대장급 아파트단지도 이 가격 구간에 있는 단지들이 많다. 지금 하락이 크니, 앞으로도 더 하락할 것이라고 겁을 내는 것보다는 앞으로도 최소 2~3년간 이어질 완만한 상승장에서 내 가족이 정주권을 확보하고 실거주를 할 수 있게 도와줄 고마운 주택들이 될 것이라 희망하는 것이 현명하다. 급매물들은 사라질 때는 빛보다도 빨리 사라진다. 매수희망자는 전국 어디에나 있기 때문이다. 타임 머신이 야속하게 금세 2022년 하반기로 돌아오기 전에 좋은 집을 찾아 내길 조언한다.

6

윤석열호의 성패가 달린 분양폭탄

윤석열 대통령 시대가 개막했다. 새 대통령의 임기 5년 동안 부동산 시장이 어떻게 변화할지 투자자들은 많은 궁금증이 있을 것이다. 불확실성이 제거됐으니, 향후 부동산 대책이 어떤 방향으로 흘러갈지 예측해보자.

윤석열 정부가 가장 먼저 손을 댈 규제들은 어떤 게 있을까? 대통령과 국토교통부, 금융위원회, 국회가 각각 목줄을 쥐고 있는 규제들을 세분화해 살펴보면 당장 손을 댈 수 있는 규제가 무엇인지 그림이 그려진다. 우선 대선 직후 금융위원회를 통해 근거 없는 대출총량규제를 비판하는 인수위원회의 뉴스를 봤을 것이다.

1호는 대출완화다. DSR 규제라는 가장 강력한 규제가 존재하는 상태에서 LTV 규제를 종전처럼 푸는 것은 새 정부 입장에서 리스크가 매우 적은 완화책이다. 소득을 기준으로 과도한 대출은 이미 막혀있기 때문이다. 청년들에게 불리했던 규제를 정상화한다는 점에서 여론도 우호적으로 작용할 것이다. 대출완화는 주택 구매 수요를 증가시킬 요인이다. 다만 LTV 완화가 이뤄질 경우 6~9억 원 이하의 중저가 단지들부터 시장이 살아날 가능성이 크다.

2호는 보유세다. 정부 입장에서 가장 시급한 또 하나의 문제는 3월 말부터 크게 인상되어 발표된 공시가격에 연동되는 보유세. 선거의 승패를 가를 만큼 민심이반이 컸기에 당장 손을 대지 않을 수 없다. 종부세는 국회의 도움을 받아야 손을 댈 수 있는 만큼 시간이 걸리겠지만, 공정시장가액 비율 조정 등을 통해 일부 부담을 완화할 방법이 있다. 투기지역 2주택자 이상에게 부과되는 종부세 중과를 유예하는 것이 먼저 이뤄진 뒤 국회의 도움을 받아 종부세의 세율을 조정하는 절차가 뒤따를 것으로 예상된다.

3호는 재건축 규제완화다. 대통령령을 통해 즉각 풀 수 있는 규제로는 30년 이상 재건축 정밀진단 면제가 있다. 이는 1기 신도시와 여의도, 목동, 노원구, 강남, 서초 등지에 밀집된 재건축 단지들에 직접적인 호재가 된다. 다만 워낙 강력한 호재라 집값을 폭등시킬 위험은 있다. 시장의 안정 상황을 모니터링하며, 이 조치는 어느 정도 시간을 두고 이뤄질 가능성이 있다.

여기까지는 많은 언론들이 추측을 쏟아내고 있는 규제완화다. 하지만 투자자들이 더 주목해야 할 또 다른 규제가 있다. 대통령이 당장 손 댈 수 있으면서 동시에 가장 중요한 규제인 분양가상한제. 현재 왜곡된 분양가 규제로 서울에는 빈 땅임에도 착공에 들어가지 못한 재건축 재개발 단지들이 숱하디숱하다. 작년에 분양예정이었으나 2022년으로 밀린 규모만 무려 3만 가구에 달한다. 대표적으로 분양가 갈등을 겪고 있는 1만 2,000가구의 둔촌주공아파트가 있다. 취임 직후 시행규칙 개정 및 주택도시보증공사HUG의 고분양가 심사기준만 손을 보더라도 당장 3만 가구의 분양폭탄을 서울시장에 쏟아낼 수 있다는 말이다. 무주택자들에게 2022년은 10년 만에 한 번 찾아오는 분양의 큰 장이 열린다. 이 기회를 꼭 잡길 바란다.

상반기 조정장이 찾아온 것도 정부에는 도움이 된다. 7월부터는 임대차 3법의 2주년을 맞아 서울 전월세 시장의 폭등이 다시 찾아올 가능성이 매우 높다. 이 불안정한 시기에 분양물량을 쏟아낸다면 매수수요를 잡아 집값의 급등을 막을 완충효과를 충분히 낼 수 있다. 이처럼 취임 첫해에는 분양폭탄을 쏟아내 정부의 부동산 규제 완화와 재건축 활성화라는 '큰 그림'을 실현할 동력을 얻는 것에 '윤석열호'의 성패가 달렸다고 본다.

분양가상한제의 완화와 더불어, 다주택자들이 매도물량을 쏟아낼 수 있도록 양도세 중과 배제까지 대통령령으로 실행한다면 하반기 서울 부동산시장은 큰 상승을 피할 가능성도 있다. 새 정부 부동산 정책은 시장을 자극하지 않으면서, 공격적으로 물량을 늘려갈 수 있도록 정밀한 순서와 강도로 규제완화를 해 나가는 데에서 승패가 갈릴 것이다.

7

전설의 24학번이 온다

2021년 하반기에 분양을 하지 못하고 2022년으로 분양이 미뤄진 물량이 많이 쌓여있다. 언론에 오르내리고 있는 분양 예정 아파트 이름을 투자자들은 꼭 눈여겨보길 바란다. 왜냐하면 이 아파트들은 '전설의 24학번'으로 불리게 될 단지들이기 때문이다.

일반분양이 미뤄진 단지들의 공통점은 멸실 혹은 착공단계에 들어갔음에도 정부가 강제로 누르고 있는 분양가로 인해 기약 없이 분양이 늦어지고 있다는 점이다. 일반분양 물량을 최대로 줄이고 설계변경을 하면서, 시기도 최대한 뒤로 늦추고 있다. 매년 땅값에 해당하는 공시지가는 10% 이상 오르고 표준건축비도 오르니, 일단 버티기만 하면 쥐꼬리만큼이라도 분양가가 오를 거라는 기대를 하고 있다. 공사일정은 늦춰지고 있지만, 예정대로 진행되고 있는 것이기도 하다. 2024년 입주를 위해서 말이다.

이 단지들의 면면이 정말 화려하다. 2024년 한해에 입주할 단지들만 꼽아도 그야말로 단군 이래 최고의 아파트 군단이라고 할 수 있다. 물량에서 사상 최대인 둔촌주공아파트(1만 2,032세대), 럭셔리의 상징인 청담동은 물론, 입주 후 전국 최고가 아파트가 될 가능성이 있는 청담삼익(1,230세대), 현재 서울의 대장지역인 반포의 신반포15차(641세대), 메이플자이(3,329세대), 개포동 최대 규모인 개포 주공1단지 재건축(6,702세대), 잠실의 대장주가 될 미성크로바(1,888세대)와 진주아파트(2,636세대), 부촌 방배동의 귀환을 알릴 방배5구역(3,065세대)과 방배6구역(1,131세대) 등이 2024년 강남권에서 입주를 예상하고 있다.

이듬해인 2025년에는 왕의 귀환이라 할 수 있는 반포주공1단지 1,2,4주구(5,388세대)도 재건축 후 입주를 하게 될 가능성이 크다. 강북 재개발 중 대표단지인 이문1구역(2,904세대), 이문3구역(4,321세대), 행당7구역(938세대), 대조1구역(1,971세대) 등이 2024, 2025년 입주를 향해 달려가고 있다.

24학번이 가져올 서울 아파트 시장의 변화는 크게 2가지다. 첫 번째는 공급절벽의 시작을 알리는 조종弔鐘과 같은 단지라는 점이다. 2025년까지 이 블루칩 단지의 숨 가쁜 입주가 끝나면 서울에서 각 동네별 대장이 될 수 있는 대규모 신축 아파트의 입주는 완전히 증발한다.

입주절벽의 이유를 알려면 2018년으로 돌아갈 필요가 있다. 정부가 재건축 초과이익환수제의 시행을 예고하면서 이를 피해 가기 위한 재건축 조합들의 전력질주가 시작됐다. 전국 수석을 노릴 만한 인재들이 일제히 수능 시험을 보러 달려온 것이다. 재건축 초과이익환수제의 대상은 2018년 1월 2일 이후 관리처분인가(관처)를 신청하는 재건축 조합에 해당한다. 24학번 단지들은 이 직전 모두 관처를 통과한 단지들이다. 이후로 4년 동안 관처를 추가로 받은 재건축 단지는 숫자가 많지 않고, 지난 정권이 이후 재개발 구역의 추진속도도 현저히 떨어졌다. 관처 이후 입주까지도 4년에서 길게는 6년 이상이 걸리는 걸 감안하면 24학번 단지들의 입주 이후, 현실적으로 2030년까지는 서울에 대단지 공급이 거의 사라진다는 걸 추측할 수 있다.

이 학번들은 자신을 위협할 후발 주자들이 사라진 것과 동시에 현재 건축기술이 집약된 최고 수준의 아파트 커뮤니티를 누리게 될 단지이기도 하다. 대부분이 이미 건축이 진행되고 있는 24학번 단지들은 수영장, 골프연습장, 스카이브리지 카페와 같은 커뮤니티를 단지 내 보유한 데다, 아이스링크나 영화관, 오페라극장과 같은 기존 아파트에선 상상도 못 한 시설을 단지 내에 건축하고 있다.

또 하나 중요한 변화는 2024년 단기간에 집중적으로 입주물량이 쏟아진다는 점이다. 현재 많은 부동산 전문가들이 상승장의 이유로 서울의 공급부족을 꼽고 있다. 2022~2023년은 이 진단이 맞지만, 2024~2025년에는 틀리다. 앞서 언급한 대표단지의 물량만 합해도 약 5만 2,000세대에 달한다. 추가로 공급될 재개발 구역 및 소규모 재건축 단지들을 더하면 2024년에만 4만 가구 이상이 입주하고 공사 기간이 늦어진다면, 이듬해에도 3~4만 가구의 입주가 이뤄진다. 2021년 이후 3년간 평균치의 2배에 달하는 물량이 쏟아지는 것이다.

물량의 숫자보다도 강남에서만 2년간 3만 가구 이상의 입주가 이뤄지는 점에 주목할 필요가 있다. 정부의 입장에서는 집값 안정을 위한 최고의 여건이 만들어지는 것이다. 추가적으로 정책을 통해 다주택자의 물량이 시장에 나오도록 규제를 완화하는 등의 조치를 한다면 최소한 2024~2025년에는 서울의 임대가격과 매매가격 상승을 둘 다 누르고, 두 마리 토끼를 잡을 수 있는 기회라는 말이다. 천만 서울시민의 행복을 위해서라도 정부에서는 이 기회를 절대 놓쳐서는 안 될 것이다.

부동산투자자들에게 감히 말한다. 전설의 24학번을 잡는 것을 투자의 최종 목표로 삼길 바란다. 압구정 현대 아파트를 비롯해 '30년대 학번 재건축'의 준공까지 최소 5년 이상, 이 단지들은 현재의 아크로리버파크가 누리고 있는 것처럼 '대장주'의 자리를 굳건히 지킬 것이기 때문이다. 게다가 현재 대부분 멸실된 재건축/재개발 구역인 덕분에 준공까지 종부세가 면제되는 등 보유세의 부담도 적은 투자처다. 시장의 상승과 하락에 관계없이 부동산투자자의 목표는 언제나 상급지를 향해 올라가는 것일 테니, 이 단지들을 잡는다면 하락장에도 마음 편히 시장을 관망할 수 있을 것이다.

8

규제 피해 가는 아파텔 투자

뜨거웠던 부동산시장이 요즘은 조용하다. 아파트 거래량은 반토막 났고, 서울과 지방 모두 가격 상승폭이 축소됐다. 오히려 하락 거래가 늘고 있는 지역도 있어 일부에서는 '조정 국면이 시작된 것 아니냐'는 의 견이 나오고 있다. 다만 새로운 정부가 들어서면서 부동산시장에 대한 기대감도 피어오르는 상황이다.

하락세가 대세 하락으로 이어질지, 아니면 일시적인 조정국면일지 는 조금 더 시간을 지켜봐야 알 수 있지만, 분명한 것은 요즘 아파트 시 장은 잘 팔리지도 않고 잘 사지도 않는 국면이라는 것이다.

아파트값이 너무 올랐다는 인식은 집값 상승이 계속되면서 광범위 하게 퍼졌고, 그 결과 오피스텔과 같은 아파트 대체상품이 2021년에 큰

평촌신도시에서 인기 많은 주거용 오피스텔 힐스테이트 에코 평촌 전경.　　　　출처: 매경DB

인기를 끌었다. 이른바 '풍선효과'다. 2021년 11월 청약을 접수한 경기 과천시 별양동 '힐스테이트 과천청사역' 오피스텔이 대표적이다. 이 오 피스텔은 89실 모집에 12만 4,426명이 신청했다. 평균 경쟁률은 1,398 대 1이었다. 분양가가 최대 22억 원으로 아파트보다 비싸다는 얘기가 나왔는데도 12만 명이 몰렸다. 그다음 날 청약을 받은 신길동 '신길 AK 푸르지오' 오피스텔은 96실 모집에 12만 5,919명이 청약을 했다. 평균 경쟁률은 1,312대 1에 달했다.

　오피스텔에 대한 풍선효과는 거래량 지표에서도 확인된다. 서울 아 파트 거래량은 반토막 났지만, 오피스텔 거래량은 역대 최다다. 국토교 통부 실거래가 공개시스템(2021년 11월 11일 기준)에 따르면 2021년 전국 오피스텔 매매 건수는 5만 1,402건으로, 2006년 관련 통계 집계가 시작 된 이래 연간 기준으로 역대 최다 기록이다. 저조한 수익성, 공급과잉, 부동산 경기침체가 맞물리면서 인기가 시들했던 오피스텔이 2018년부터 거래량이 늘더니, 2019년 3만 5,000건, 2020년 4만 8,000건, 2021년 5만 건 이상을 기록한 것이다.

그렇다면 실제 오피스텔은 수익적 측면에서도 긍정적일까? 이번 상승장 때 똘똘한 아파트 못지않게 똘똘한 오피스텔의 수익률이 굉장히 크다는 사실이 시장에서 입증되면서 오피스텔의 투자성이 확연히 드러났다.

사람들이 주목하는 상품은 바로 아파트와 같은 오피스텔, 즉 '아파텔'이다. '아파텔'은 방 3개 이상의 오피스텔을 말한다. 그러나 정식 명칭은 오피스텔이다. 건축법의 적용을 받으므로, 주택법의 적용을 받는 '아파트'와는 엄연히 다르다.

입지 좋은 곳의 아파텔, 즉 방 3개 이상의 오피스텔은 아파트만큼 올랐다. 수원시 광교신도시 '광교중흥S클래스' 오피스텔 전용 84㎡는 1년 새 45%가량 올랐다. 2021년 8억 원대였던 게 현재는 14억 원대 시세를 형성하고 있다. 경기 수원시 영통구 '포레나 광교' 전용 84㎡는 분양가가 5~6억 원대였는데 현재 시세는 14~15억 원이다.

오피스텔은 건축법의 적용을 받아, 아파트와 다른 '비규제' 장점이 있다. 아파텔의 몇 가지 장점을 알아보자.

청약 문턱이 낮다

오피스텔은 기존에 준공된 것을 매수할 수도 있지만, 새롭게 분양하는 오피스텔을 분양받을 수 있다. 당첨이 너무 어려운 아파트 청약에 비해 오피스텔 청약은 허들이 낮다. 오피스텔 청약은 청약통장이 필요 없고 재당첨에 관계없이 만 19세 이상이면 누구나 할 수 있다. 다주택자, 유주택자도 청약이 가능하다.

청약을 준비할 때는 '무주택'으로 간주한다

아파트나 빌라를 실거주 목적에서 매수하면 앞으로 청약 기회는 날아간다. 청약은 무주택자에게 원칙적으로 제공되기 때문이다. 그러나 오피스텔을 매수하더라도 청약에서 무주택으로 인정받는다. 즉, 아파텔을 보유해도 무주택자로 인정되면서 1순위 청약 자격을 유지할 수 있다는 말이다.

청약 당첨 시, 실거주 의무가 없다

수도권 대부분 아파트는 청약 당첨 시 실거주 의무(2-5년)가 붙는다. 이로 인해 분양가를 마련하지 못한 상태에서는 청약하기 힘든 상황이다. 그러나 오피스텔은 실거주 의무가 없다. 분양받고서도 전월세를 놓을 수 있어서, 자금이 부족한 사람들도 전세 수요가 받쳐주는 곳이라면 도전해 볼 수 있다.

대출이 더 잘 나온다

수도권에서 주택담보대출은 LTV가 40%밖에 나오지 않기 때문에 자금이 부족한 사람들은 10억 원이 넘는 아파트를 감당할 수 없다. 15억 원 이상 아파트는 대출이 아예 불가하다. 그러나 오피스텔의 경우, 이 같은 규제로부터 자유로워 주택값의 70%까지 대출을 받을 수 있다. 물론 차주별 DSR이 확대 시행됨에 따라, 오피스텔 매수할 때는 소득 대비 대출 가능액을 확인해야 한다.

100실 미만 오피스텔은 전매제한이 없다

오피스텔은 현재 투기과열지구와 조정대상지역(규제지역)에서 100실 이상 공급되면 분양권 전매가 제한된다. 이런 경우 준공 승인 후 1년이 지나기 전이나, 소유권 이전 등기를 마치기 전까지는 매매가 제한된다. 즉, 100실 미만이면 오피스텔 분양권은 당첨 즉시 전매가 가능하다. 아파트가 최대 8년까지 전매제한인 것에 비하면, 오피스텔은 바로 사고팔 수 있으니까 아무래도 투자자 입장에서는 장점이 있다.

요즘 아파텔, 아파트와 견줘도 손색이 없다

요즘 아파텔 정말 잘 짓는다. 3베이, 4베이, 판상형 구조에 파우더룸과 드레스룸까지! 전용률은 아파트보다 낮지만, 구조 자체를 아파트처럼 만들어서 주거용으로 사용하기 손색이 없다. 또한 오피스텔은 업무용으로 쓰일 수 있기 때문에 대부분 입지가 좋다. 교통과 생활 인프라를 중시하는 신혼부부, 젊은 사람들은 아무래도 입지 좋은 오피스텔이 라이프 스타일에 잘 맞기 때문에 전월세 수요가 높다.

그런데, 아파텔의 장점만을 생각하고 바로 투자를 하다가는 낭패를 볼 수도 있다. 장점과 함께 신중하게 접근해야 할 대목도 있다.

전용률이 낮다

오피스텔은 공급면적, 전용면적 수치가 아파트보다 높은데, 전용률이 낮기 때문에 실제 사용할 수 있는 면적은 좁다. 같은 전용 84㎡여도 아파트는 32평 크기지만, 오피스텔 전용 84㎡는 아파트 24평 크기다. 그래서 오피스텔을 실거주용도로 생각한다면, 꼭 모델하우스를 방문해서 실제 크기를 확인해야 한다. 또 환기 시스템이나 창문을 확인해야 한다. 수년 전 만들어진 오피스텔은 업무용으로 지어졌기 때문에, 거실 창문이 일반 아파트와 다르기도 하고, 창문이 안 열리거나, 맞통풍이 안 되는 구조도 있다.

분양가 할인이 없다

아파트는 분양가상한제가 적용돼서 그나마 시세보다 저렴하게 공급된다. 그러나 오피스텔은 시세만큼, 혹은 시세보다 더 비싸게 공급되기도 한다. 그러므로 오피스텔을 분양받을 때는 장기간 보유나 실거주 목적이라면, 해당 가격에 받고도 시세차익이 가능할지를 신중히 생각해야 한다.

가장 중요한 문제는 세금이다

주거용 오피스텔이나 아파텔을 매수한 뒤에 가장 많이 헷갈리는 것이 세금의 측면에서는 주거용으로 적용되는지, 업무용 사무실로 적용되는지 하는 것이다. 결론은 둘 다 될 수 있다. 그래서 케이스별로 꼼꼼히 살펴봐야 한다. 오피스텔은 건축법상 허가받은 건축물이지만 주택이 될 수도 있고 업무용으로 쓸 수도 있기에 사용을 어떻게 하느냐에 따라 세금이 달라진다.

오피스텔도 재산세를 낸다

앞서 언급했듯이 오피스텔은 업무용으로 쓸 수도 있고 주택으로 쓸 수도 있다. 업무용으로 사용할 경우 일반 건물이나 상가처럼 건축물분으로 재산세가 부과되고 주택으로 사용할 경우에는 아파트처럼 주택분으로 재산세가 부과된다.

오피스텔도 주거용이라면 종부세 대상이 된다

종부세 역시 재산세를 기초로 부과하게 된다. 재산세가 주택분으로 과세될 경우 주택을 소유하고 있는 것으로 본다. 2주택은 종부세의 세율도 크게 올라가니까 세 부담이 커지게 된다.

취득세는 다주택자 중과는 없다

오피스텔 취득세는 4.6%다. 오피스텔은 실제 사용하기 전까지는 주거용이 될지 업무용이 될지 확정되지 않기 때문에, 주거용인 경우에도 취득세는 항상 업무용으로 보고 4.6%를 낸다. 다른 주택이 더 있더라도 취득세 중과가 적용되지 않고 일단 업무용으로 보아 4.6% 취득세를 낸다.

오피스텔 분양권은 주택으로 간주하지 않는다

오피스텔 분양권은 분양권 상태에서는 다른 주택 수에 포함되지 않는다. 따라서 오피스텔은 주택 수에 포함되지 않은 상태에서, 추가로 구입한 주택의 취득세를 계산해서 내면 된다. 예를 들어, 오피스텔 분양권이 있는 상태에서 1주택자면 1주택의 취득세, 2주택이 되면 2주택의 취득세로 중과되는 형식이다. 또한 오피스텔에 입주한 후, 추가로 아파트를 매수하게 되면 이미 매수한 오피스텔이 '주택'으로 인정받아 추가로 매수하는 주택은 최대 12%의 중과가 가능하다.

주거용으로 사용한 오피스텔을 양도할 때는 주의하자

양도세는 재산세나 종부세와 달리 항상 실질에 의해 판단하게 된다. 따라서 양도세에서는 이 오피스텔을 실제 주택으로 사용했다면 주택으로 본다. 주거용 오피스텔을 가지고 있다가 팔 때 기존 다른 주택보다 먼저 팔든 나중에 팔든, 양도세 중과 기준이 적용되기 때문에 최대 60% 이상 중과할 수 있다는 점에 유의해야 한다. 단 오피스텔 분양권은 주택 수에 포함되지 않는다.

9

청약통장 증여와 상속의 기술

신축 아파트를 시세보다 저렴하게 살 수 있는 길은 청약이다. 청약 경쟁률이 세 자릿수인 걸 보면, 청약이 최고의 재테크라는 것을 이제는 우리 국민 모두가 아는 것 같다. 그런데 문제는 가점이다. 가점이 높아야 별을 딸 텐데, 어느 세월에 가점을 쌓을 수 있을지 걱정이 태산 같다.

이러한 청약 가점을 단숨에 끌어올리는 방법이 있다. 바로 청약 통장을 상속받거나 증여받는 것이다. 부모가 수십 년 전 가입한 통장을 내 통장으로 만들 수 있다. 이 통장 하나면 어디든 당첨 가능한 '슈퍼통장'을 거머쥐게 되는 셈이다.

혹시 우리 부모님도 잊고 있던 청약통장이 있을까? 단, 증여가 되는 청약통장과 상속이 되는 청약통장의 종류가 다르기에 이를 먼저 알아

보도록 하자.

증여는 생전에 가족이나 자녀에게 재산을 이전하는 것, 상속은 사망 후 가족이나 자녀에게 재산을 이전하는 것을 말한다. 모든 청약 통장이 증여가 되는 것은 아니다. 2008년 3월 말 이후로 신규 가입이 중단된 청약저축, 2000년 3월 25일 이전에 가입한 청약예금·청약부금 가입자는 증여가 가능하다. 이 통장들은 직계가족과 부부간 명의 변경이 가능하고, 세대주로의 명의 변경도 가능하다.

그러나 2009년 5월부터 가입을 받기 시작한 주택청약종합저축은 청약통장 증여는 안 되고 상속만 가능하다. 즉, 주택종합청약저축은 개명 시 명의 변경, 사망 후 상속을 통한 명의 변경만 허용되고 있다.

증여가 되는 청약저축·청약예금·청약부금은 횟수 제한 없이 명의 변경이 가능하다. 예를 들어 청약통장을 아버지가 아들에게, 아들이 손자에게 주는 게 가능하다는 의미다. 만약 아버지한테 20년 된 청약저축 통장이 있고, 자신은 유주택자여서 청약할 필요가 없을 경우는 어떨까? 할아버지에서 손자로 바로 청약통장을 물려줄 수는 없다. 아버지에서 나에게로 통장을 명의 이전한 후, 다시 나의 아들에게 명의 변경을 해서 최종적으로 할아버지에서 손자에게 청약통장을 물려줄 수 있다.

시아버지 통장을 며느리가 받는다면 어떨까? 역시 시아버지에서 며느리로 바로 줄 수는 없다. 아버지에서 나, 그리고 내가 부인에게 세대주 변경을 통해서 통장을 옮길 수 있다. 세대주 변경에 따른 명의 변경은 세대합가 후 세대주를 변경하는 방식이다. 예를 들어, 위의 사례라

■ 청약통장별 명의 변경 가능 사유

청약통장 종류	명의 변경 가능 사유
주택청약종합저축 청약예금/청약부금 (2000.3.27. 이후 가입)	· 가입자가 사망한 경우 그 상속인 명의로 변경
청약예금/청약부금 (2000.3.26. 이전 가입 및 청약저축)	· 가입자가 사망한 경우 그 상속인 명의로 변경 · 가입자가 혼인한 경우 그 배우자 명의로 변경 · 가입자의 배우자 또는 직계존비속으로 세대주가 변경된 　경우 그 변경된 세대주 명의로 변경

면 아버지와 합가 후 세대주를 아버지에서 나로 변경하는 방식이다. 그리고 관련 서류를 은행에 제출하면 된다.

청약통장을 물려받게 되면 그야말로 단숨에 가입 기간과 저축총액이 늘어나는 효과가 생긴다. 요즘처럼 청약 경쟁률이 치열한 때에 어떤 곳이든 당첨을 노려볼 수 있는 '황금통장'을 거머쥐게 되는 것이다.

증여가 되는 청약저축 통장은 공공분양 청약이 가능하다. 공공분양은 매월 10만 원씩 저축한 저축총액을 보기 때문에 무조건 오랫동안 꾸준히 넣은 사람이 유리하다. 그런데 아버지가 22년간 매월 10만 원씩 부은 통장을 아들에게 물려준다면, 아들은 이 통장을 가지고 수도권 웬만한 입지의 인기 좋은 공공분양 당첨을 기대해볼 수 있다.

예를 들어 1999년 청약저축을 가입한 아버지가 22년간 매월 10만 원씩 저축을 했다면 저축총액은 2,640만 원에 이른다. 2021년 9월 '로또 분양'으로 주목받은 과천지식정보타운 린파밀리에(S8블록) 공공분양의 당첨자 청약저축액 커트라인이 2,258~3,670만 원이었다. 이를 감안하면, 한마디로 자녀는 아버지 통장을 물려받아 당첨 가능성이 높은 '슈퍼 통장'을 갖게 된 셈이다.

민간분양에 청약 가능한 청약부금과 청약예금을 물려받는다면 저축 가입 기간 점수를 얻어서 가점이 높아지는 효과를 누릴 수 있다. 자녀 수, 통장가입 기간, 무주택기간 등 가점을 합해서 당첨자를 뽑는 민간분 양에서 저축가입 15년 이상은 청약점수 최고 17점을 얻을 수 있다. 통 장가입 기간이 짧은 자녀가, 부모님의 통장을 물려받아서 가점을 단숨 에 높일 수 있다는 것이다.

예를 들어 2018년 청약통장에 가입한 무주택자는 청약통장 가입 기 간에서 4점(2년 이상 3년 미만 해당 점수)밖에 얻지 못하지만, 부모가 1997 년 9월에 만든 청약예금을 증여받으면 청약통장 가입 기간으로 얻는 점 수가 만점인 17점(15년 이상)으로 올라간다.

내가 만든 통장을 자녀에게 상속할 수도 있다. 2009년 5월부터 가입 을 받기 시작한 주택청약종합저축은 세대주 명의 변경, 직계가족 간 명 의 변경은 안 된다. 그러나 사망 후 상속을 통한 명의 변경은 허용된다. 가령 언젠가 쓸 요량으로 매월 10만 원씩 저축한 통장을 훗날 자녀가 상속받아 내 집 마련을 할 수 있다. 이때 매월 10만 원 납입이 중요한데, 그 이유는 공공분양에서 최대 인정금액이 매월 10만 원이기 때문이다.

비록 자신은 청약 당첨에 본인의 통장을 써먹지 못했지만, 차곡차곡 잘 부은 청약통장을 상속하거나 증여할 수 있다면 우리 자녀들이 먼 훗 날 내 집 마련에 알차게 쓸 수 있을 것이다.

청약통장 명의 변경에 대해 알아보자. 청약통장 명의를 변경하려는 사람은 3개월 내 주민등록등본, 신분증, 가족관계증명서를 지참하여 청약통장 가입한 은행에 방문하면 된다. 주택도시기금 전용 상담센터(1599-1771)에서 자세한 상담도 가능하다.

혹시 부모님이 청약통장을 매월 꼬박꼬박 납부하지 않았더라도 실망하지 말자. 명의 변경한 청약통장 미납부 금액도 추후 납부 가능하다. 연체일수 산정에 따른 미납회차를 인정받을 수 있다. 그리고 주택종합청약저축을 상속받기 위해서는 가족관계증명서, 사망진단서, 형제들이 있으면 상속을 포기한다는 동의서를 지참해 은행에 방문해서 신청하면 된다.

10

알아두면 유용한 부동산 증여의 기술

정부가 다주택자, 고가 주택에 대한 보유세를 강화하면서 증여 건수가 계속 치솟고 있다. 한국부동산원에 따르면 2021년 10월까지의 누적 아파트 증여 건수는 총 6만 8,716건으로 전체 거래 대비 6.7%에 해당한다. 전년(5.7%) 대비 1.0%p나 올랐다.

2016년 증여 비중은 3.4%(3만 1,863건)이었지만, 2018년 4.7%(5만 3,923건)로 증가했고 2020년 5.7%(7만 2,349건)로 계속 증가하는 추세다.

2021년에도 6만 8,716건으로 증가세를 이어왔고 2022년 들어 전체 주택 거래량은 줄었지만, 증여 건수는 계속 늘어 전체 거래에서 증여 비중은 높아지고 있다.

왜 이렇게 주택을 증여하는 것일까?

양도세가 높은 데다 주택을 팔면 다음에 비슷한 집을 살 수 없다는 것을 학습을 통해 알고 있기 때문에, 다주택자들은 매도보다는 가구 분할을 통한 증여로 움직이는 것으로 보인다.

더불어민주당 박상혁 의원이 국토교통부에서 제출받은 광역 시·도별 연령대별 자금조달계획서 제출 건수 자료에 따르면, 2021년 1~5월 10대가 서울에서 보증금 승계 및 임대 목적으로 주택을 구매한 것은 69건으로 전년 동기 7건에 비해 10배 가까이 늘었다.

10대는 소득이 없다. 즉, 이 말은 부모로부터 일부 돈을 증여받고, 나머지는 전세 보증금 등으로 충당해서 집을 산 것을 의미한다. 전세값도 오르고, 집값도 오르니까 부모들이 자녀에게 하루라도 빨리 집을 마련해주기 위해서 주택을 매수하고 있다.

가족한테 증여를 할 때는 증여세를 내지 않아도 된다. 바로 증여재산 공제다. 배우자 6억 원, 직계비속 5,000만 원(미성년자 2,000만 원), 기타 친족 1,000만 원이 공제된다.

즉 배우자에게 6억까지 증여할 경우 증여세가 없으며, 마찬가지로 성인인 자녀에게 5,000만 원 증여 시 납부할 증여세가 없다. 증여재산 공제는 10년 동안 적용되는 금액이다. 10년 동안 증여받은 총금액에서 공제받을 수 있는 금액이라는 말이다. 10년이 넘으면 새로운 증여재산 공제가 적용된다.

요즘에는 자녀가 태어나자마자 증여하는 것이 유행이다. 태어나자마자 2,000만 원을 증여하고, 10살 때 다시 2,000만 원을 증여하고, 20

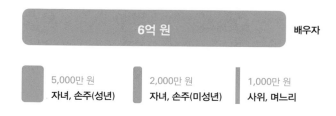

6억 원 배우자

5,000만 원
자녀, 손주(성년)

2,000만 원
자녀, 손주(미성년)

1,000만 원
사위, 며느리

손주 세대 생략시 30% 할증과세

살 때 5,000만 원을 증여하고, 30살 때 다시 5,000만 원을 증여하면 증여세를 부담하지 않고도 합법적으로 자녀가 30살이 될 때까지 1.4억 원을 이전할 수 있다.

미성년 자녀에게 4,000만 원을 증여하거나 2,000만 원을 증여해서, 증여세를 내지 않고 그 돈은 자녀 이름으로 전세를 끼고 주택을 매수하는 것도 방법이다.

이러한 선택의 근저에는 결국 장기적으로 부동산은 우상향한다는 판단이 있다. 결국 '부동산은 오늘이 제일 싸다'라고 생각하기 때문에 하루라도 빨리 자녀 이름으로 주택을 매수하고 20~30년 뒤 자녀가 스스로 불어난 부동산을 종잣돈 삼아 내 집 마련하도록 하는 전략이다. 혹은 자녀에게 2,000만 원씩 증여하고 우량주식을 사서 20년, 30년간 묻어두는 방식도 있다. 이것 또한 우량 기업이 미래 가치가 더 커진다는 판단에서 나오는 전략이다.

그렇다면, 왜 유독 많은 사람들이 부동산 증여를 택할까? 요즘처럼 종부세와 재산세가 높은 시기에는 세금 부담을 줄이기 위해 주택을 분산시키려는 측면도 있지만, 부동산 자체가 증여에 유리한 자산이기 때문이다.

증여받는 자산의 가격을 증여재산가액이라고 한다. 이 증여세를 매길 때 증여재산가액이 중요한데, 이 증여재산가액 평가의 원칙은 시가다. 그런데 부동산은 자주 거래되는 품목이 아니기 때문에 명확한 시가를 적용하기 쉽지 않다. 그래서 부동산은 기준 시가로 증여재산가액을 평가하고, 이 기준 시가는 시가의 60~80% 정도로 책정된다. 기준 시가가 시가보다 낮기 때문에, 일반적으로 부동산을 증여하는 것이 현금, 예금, 상장주식 등을 증여하는 것보다 유리하다.

또한 기존 주택을 자녀에게 증여하는 경우 인별 과세되는(사람별로 과세) 종부세 등 보유세를 덜 수도 있어서 많이 선호한다.

증여했다면 최소한 5년간 증여한 부동산을 보유해야 한다. 예를 들어, 2억에 산 주택이 6억이 돼서, 6억을 아내에게 증여한 후 바로 6억에 팔아버리면 양도소득세를 한푼도 안 낼 것이다. 정부는 이러한 것을 방지하기 위해서, 증여한 후 5년이 지나야 양도할 때 증여가액을 취득가액으로 인정해주고 있다.

11

GTX 시대 어떻게 대비할까?

새 정부 출범으로 관망세가 더욱 짙어진 가운데, 경기도 중에서도 동탄, 파주, 동두천 등 광역급행철도GTX 호재로 집값이 급등한 지역들이 직전 신고가 대비 수억 원 빠지는 거래가 이뤄지고 있다.

2021년까지 부동산 상승장에서 집값을 자극한 요소로 GTX를 비롯한 교통 인프라 개발 호재를 빼놓을 수 없다. 특히 서울 중심부에 도달하는 시간을 획기적으로 줄여주는 GTX가 개설되는 지역은 GTX 효과로 3배 이상 뛰었다. 이에 따라 GTX와 집값의 상관관계를 두고 많은 의견이 쏟아졌는데, 최근 GTX 호재 지역의 하락거래가 포착되면서 또다시 GTX 효과의 실체가 있는지, 거품인지 하는 많은 이야기가 오가고 있다.

경기 파주 운정과 화성 동탄을 잇는 광역급행철도(GTX) A 실물모형.　사진: 매일경제 한주형 기자

GTX로 급등했던 지역의 하락세가 두드러지자 최근에는 'GTX발 집값 상승의 거품이 빠지기 시작됐다'는 의견이 많다. 그러나 한편에서는 이러한 'GTX 거품론'에 맞서 '지금의 하락세는 시기적 특수성에 따른 조정국면으로 GTX 개통으로 인한 내재적 가치는 변함이 없다'는 의견도 여전하다.

GTX(Great Train Express, 수도권광역급행철도)는 수도권 주요 지점을 연결하는 대심도 광역급행철도다. GTX는 수도권 내 주요 거점을 빠른 속도로 도달할 수 있게 한다. 수도권 철도 속도는 대개 시속 39.5㎞지만 GTX는 최대 시속 200㎞로 달린다.

A·B·C·D 네 개의 노선이 추진되고 있는 데다가 윤석열 대통령은 GTX 3개 노선을 추가로 공약했다. 수도권 전역에서 서울 시내 중심까

지 30분 내 도달하게 한다는 구상이다. 가장 빨리 준공될 노선은 A노선이다. A노선은 이미 착공에 들어갔으며 이르면 2024년 개통을 목표로 한다. 파주 운정을 시작으로 킨텍스, 대곡, 연신내, 서울역을 거쳐 삼성, 수서, 성남, 용인(구성), 동탄까지 운행된다. A노선이 개통되면 일산부터 삼성역까지 17분, 동탄에서 삼성역까지 19분이면 도착할 수 있다.

B노선은 수도권 전역을 가로로 잇는 노선으로 착공은 2022년 말, 개통은 2027년 말로 예정돼 있다. 총 80.1km로 개통하면 송도에서 서울역까지 27분(현재 87분) 소요된다. C노선은 수도권을 세로로 이어주는 노선이다. 양주 덕정부터 의정부, 창동, 광운대, 청량리를 거쳐 삼성, 양

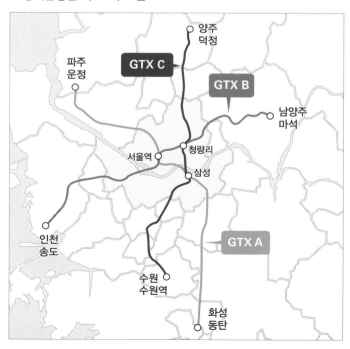

▒ 광역급행철도(GTX) 노선도

재, 과천, 금정, 수원까지 이어진다. C노선은 2023년 말 착공할 예정이 며 준공은 착공 후 5년 뒤일 것으로 예상된다.

그 외에 윤석열 대통령이 추가로 공약한 노선 3개가 더 있다. B노 선과 C노선은 아직 삽을 뜨기도 전이어서 준공을 예측하기 이르지만, A노선은 이미 2019년 6월에 착공했다. 현재 삼성~운정 구간 공정률 이 32%로 업계는 2024년 6월 이후에는 개통될 것이라고 예측하고 있다.

A노선이 개통되면 차로는 1시간 이상, 대중교통으로는 2시간씩 걸 릴 수도 있는 거리가 GTX를 통해 서울 중심 업무지구까지 20~30분 만 에 도달 가능하게 된다. 교통 혁명에 많은 사람이 기대하는 이유다.

특히 서울 중심 업무지구에서 먼 수도권 외곽일수록 GTX 효과가 더욱 크게 작용한다. 대표적인 곳이 파주다. 서울과 거리가 멀고 자족 기능이 떨어져 인기가 없던 지역이지만, GTX 효과로 인기가 살아나고 있다.

반면 GTX 거품론을 주장하는 의견도 있다. GTX가 교통 인프라를 획기적으로 개선하는 것은 맞지만, GTX 기대감으로 부동산 가격이 단 숨에 2~3배씩 오르는 것은 거품이라는 주장이다. 준공 후 요금이 결정 되고서 GTX 효과를 판단해야 한다는 논리다. GTX가 개통되더라도 요 금이 지나치게 비싸면 사람들이 이용을 꺼릴 수 있기 때문이다.

GTX는 평균 시속 100㎞가 넘는 기차다. 일반 도시철도보다 요금이 높은 수준으로 책정될 것으로 전망된다. 국토교통부에 따르면, 킨텍스 에서 서울역(26.3㎞)까지 운임은 3,500원이다. 비슷한 노선의 M버스 운임(2,400원)과 비교하면 1,100원가량 비싸다. 이를 기반으로 계산하면 파주~삼성역은 3,931원이다.

현재 기준 파주~삼성이 3,900원이지만 물가상승률을 감안하면 개통 시에는 그보다 더 오를 것으로 보인다. 매년 물가상승률을 감안했을 때 개통 시에는 파주~삼성 기준 4,000~5,000원대라는 전망이 나온다.

정부는 GTX 운임에 대해 광역버스와 비슷한 수준으로 서민에게 부담되지 않는 선에서 결정할 것이라고 밝혔지만, GTX가 민간투자사업이기 때문에 적자를 면하기 위해 요금을 계속 올릴 수밖에 없을 것이라는 전망이 나오고 있다.

GTX-A·C 노선은 BTO(수익형 민자사업) 방식으로 진행된다. 소유권이 국가나 지방자치단체에 귀속되고 운영권은 일정 기간 민간이 갖는 방식이다. 사업자는 GTX 운영을 통해 비용을 회수해야 하기에 요금이 비싸질 가능성이 높다.

12

재건축 상가 투자 짚어보기

집값이 하락세를 보이고 있다. 뜨거웠던 청약 시장도 미분양이 늘고 있으며, 아파트 매매시장은 거래 절벽이 이어지고 있다. 그런데 이 와중에도 뜨거운 시장이 있으니, 바로 재건축, 재개발 시장이다. 새 정부가 층수 제한, 용적률 완화 등 재건축 규제 완화를 내놓고 있어서 재건축 연한이 다가왔거나 재건축 연한을 넘긴 곳들은 재건축 활성화에 기대를 걸고 있다. 이에 따라 덩달아 주목받는 부동산이 재건축 상가다.

재건축 상가는 소리소문없이 조용히 거래되고 있는데 가격이 연일 신고가다. 보통 아파트는 실거래 데이터가 각종 부동산 앱에 실시간으로 공유되기에 상승세를 알 수 있지만, 상가는 상업용 부동산 데이터에 공유되기 때문에 국토교통부 실거래 시스템에 접속해서 일부러 찾아보

3.3㎡당 4억 원 넘게 거래되고 있는 송파구 방이동 올림픽선수기자촌단지 상가 전경.

지 않는 한 알기 어렵다. 그러나 고수들은 이미, 서울 주요 재건축 단지들의 상가 몸값이 치솟고 있다는 것을 알고 있다. 매물이 나오는 즉시 누군가가 사들이고 있다는 것을 파악하고, 똑똑한 재건축 상가를 구하기 위해 발품을 팔고 있다.

2021년 정밀안전진단을 조건부로 통과한 올림픽선수기자촌아파트. 이곳은 5호선, 9호선 올림픽공원역 더블역세권에 지하철이 바로 앞에 붙어있는 초역세권 단지다. 특히 상가는 지하철 초입에 붙어있고 맞은편에 바로 올림픽공원이 있어 입지 가치가 매우 높은 곳이다.

국토교통부 실거래시스템에 따르면, 이 단지 상가는 전용 3.3㎡당 4~5억 원에 거래되고 있다. 사실 재건축은 대지 지분이 중요한데, 실거

전용 면적(㎡)	가격(원)	3.3㎡당 가격(원)
5.25	8억	5억 285만
15.42	14억	2억 9,961만
7.8	8억 6,000만	3억 6,384만
18.48	19억	3억 3,928만
5.28	6억 8,500만	4억 2,812만

자료: 국토교통부 실거래가 시스템

래 시스템상에는 대지 지분은 나오지 않아서 전용면적 기준으로 살펴보자.

2021년 7월 1층 전용 5.25㎡가 8억 원에 거래됐고 평당 가격은 5억원대다. 같은 해 4월에는 18.48㎡가 19억 원에 팔렸다. 6월에는 전용 7.8㎡가 8억 6,000만 원에 거래됐는데, 평당 3억 6,000만 원꼴이다. 3평도 안 되는 상가가 8억 6,000에 거래됐다. 가장 최근의 매물로는 1층 상가 전용 15㎡(4.5평), 공급 31㎡가 17억 원에 나와 있다.

부동산업계에 따르면, 잠실주공 상가가 대지 당 5억 원, 압구정 현대가 5억 5,000만 원, 둔촌주공이 관리처분 전 대지 당 2억 2,000만 원인 것을 감안하면 제 가격대로 간(상승) 것이라고 한다.

재건축 기대감이 피어오르고 있는 목동도 단지 내 상가는 2층이 평당 1억 원을 넘어섰고(그 말은 시세가 더 비싼 1층은 평당 1억 원을 넘었다는 의미다) 강북 재건축 단지들도 연일 신고가 행진이라고 한다.

강북 재건축 대어 중 하나인 노원구 상계주공도 상가 몸값이 치솟고 있다.

2021년 3월 예비안전진단을 통과한 상계주공3단지 상가 실거래가격을 보자. 인터넷등기소에 따르면 이곳 상가 지하 1층은 2021년에만 6건이 거래됐다. 1년에 1건 정도로 거래가 드물던 곳인데, 예비안전진단을 통과한 후 거래가 6건으로 늘었다. 이것도 매물이 그나마 나왔기에 거래가 된 것이라고 한다.

재건축 상가도 재건축 아파트처럼 재건축이 진행될 때마다 시세가 올라간다. 전용면적 3.3㎡(1평)당 가격이 3년 전 1,000~2,000만 원이었지만 2021년에는 4,000~5,000만 원에 손 바뀜 되고 있다.

그러면 재건축 상가를 사는 사람들은 누구일까?

요즘 주택시장은 투자자들이 진입하기 어렵다. 취득세 중과, 종합부동산세 부담을 고려하면 주택 투자, 특히 고가의 재건축 아파트 투자는 부담되는 것이 현실이다. 이러한 상황에서 재건축 상가는 투자자들에게 아주 매력적인 투자처다.

상가는 취득세 중과가 적용되지 않고, 종부세도 피해 갈 수 있다. 상가는 부속토지 공시지가가 80억 원이 넘어야 종부세가 부과되는데. 이 말은 엄청난 빌딩 부자가 아니고서는 대부분의 소형 상가는 종부세를 내지 않는다는 의미다.

이처럼 재건축 상가는 세금 측면에서도 매력이 넘치고 재건축이 진행될수록 아파트처럼 시세상승을 기대할 수 있으니, 장기적으로 돈을 묻어두기 더없이 좋은 자산인 셈이다. 보통 상가는 월세(임대료) 등 수익률에 따라 가치가 매겨진다. 재건축 상가는 노후화한 탓에 임대료가 낮은데도 불구하고 향후 재건축에 따른 시세차익 기대감으로 시세가 높게 형성된다.

간혹 재건축 상가 부지가 상업지인 경우가 있다. 상업지는 용적률이 800%나 된다. 일반 주거지가 200% 내외인 것을 감안하면 상업지 용적률은 어마어마한 수준이다. 땅의 가치가 다르다는 의미다. 그래서 이러한 재건축 단지 내 상업지 용도에 있는 상가를 주목하는 것이다.

그래서 재건축 상가는 자녀 증여용으로도 많은 사람들이 선호한다. 간혹 소형 상가가 나오면 재빠르게 거래되는데 자녀 증여용으로 투자할 사람들이 움직인 것이다. 부동산업계에 따르면, 상대적으로 저렴한 강북 재건축에는 증여나 소액 투자 수요가 모여들고 있다. 강북권 성산시영, 월계시영, 상계주공 등 작은 평수 상가를 1~2억 원에 투자해 자녀 증여용으로 10~20년 묻어둘 요량으로 찾는 것이다.

재건축 상가의 인기 이유는 또 있다. 최근 일부 조합이 재건축 상가 보유자에게 아파트 입주권을 주는 사례가 나타나면서 인기가 더욱 높아진 것이다. 예를 들어 강남 재건축 단지 신반포2차는 상가 조합원들이 주택을 선택할 수 있도록 조합 정관을 바꿨다. 상가 조합원도 주택을 받을 수 있게 된 것이다.

하지만 재건축 상가를 보유했다고 무조건 아파트 입주권이 보장되는 건 아니기 때문에 주의해야 한다. 상가 조합원이 아파트 입주권을 받는지는 '산정비율'에 따라 결정된다. 분양주택의 최소 분양가에 '산정비율'을 곱한 값보다 상가 조합원의 권리차액이 커야 주택을 받을 수 있다. 산정비율이 낮아질수록 상가 조합원이 주택을 받을 가능성이 커진다. 신반포2차도 조합이 상가 산정비율을 '1'에서 '0.1'로 대폭 낮춰 상가 소유자가 아파트를 받을 길이 열렸다.

가령 A단지 상가 조합원의 권리차액이 4억 원인데, 분양주택 최소 분양가가 10억 원이고 조합 정관상 정해진 비율이 1이면 가액은 10억 원이다. 이렇게 되면 상가 조합원의 권리차액(4억 원)이 이보다 작기 때문에 주택을 선택할 수 없다. 하지만 조합이 정해진 비율을 0.1로 내리면 어떨까? 그렇게 되면 분양주택 최소 분양가가 10억 원이고 조합 정관상 정해진 비율 0.1을 곱하면 1억 원이다. 상가 조합원의 권리차액이 4억 원이니까 상가 조합원도 주택을 선택할 수 있다.

결론은 산정비율 등이 정해지는 조합 약관이 나오기 전에는 상가로 아파트 입주권을 받을 수 있을지 여부는 알 수 없다. 소액으로 작은 평형의 상가를 보유했을 경우 나중에 조합약관에 의해 입주권을 못 받을 가능성도 있기 때문에, 이 단지가 상가와 반드시 재건축을 해야 하는 단지인지, 나의 지분에 따른 추가 분담금은 얼마나 나올지 등을 어림잡아 계산해서 종합적으로 판단해서 결정해야 한다.

그리고 재건축 아파트와 상가 간 갈등으로 상가를 빼고 재건축이 진행될 수도 있고, 소형 상가를 가진 경우 추가 분담금이 크게 늘어날 수도 있다. 또한 지하층이나 위치가 좋지 않은 상가를 가진 경우 재건축 후에 자리 때문에 분쟁이 생길 수도 있다. 이처럼 재건축 상가 투자는 리스크가 복합적으로 존재하는 만큼, 여러 측면에서 위험요소를 고려해보고 투자를 판단하는 것이 좋다.

13

로또 청약 당첨의 기술

청약은 무주택자에게 최고의 재테크다. 신축을 시세보다 싸게 얻을 수 있기 때문이다. 보통 아파트 분양시점은 입주 2~3년 전이다. 실제로 다 지어지고 들어가 살게 되는 시기는 3년 후다. 특히 요즘 같은 시기에는 3년이면 많은 것이 변한다. 물가도 상승하고 자산가치도 오르고, 분양 당시 비쌌던 가격이 3년 후에는 오히려 시세보다 저렴한 가격으로 내려가기도 한다. 그래서 부동산 가격 폭등기에 청약 당첨된 사람들은 당첨만으로 분양가 대비 2배 이상의 시세차익을 보기도 했다.

하지만 최근에는 상황이 달라졌다. 분양가의 기본이 되는 땅값이 많이 올랐고 원자재 가격도 오르면서 분양가가 상승하고 있는 것이다. 반면, 끊임없이 상승하던 집값은 주춤해지면서 '청약 = 로또'라는 공식은 들어맞지 않는 상황이 오고 있다.

그렇다면 지금, 이 시세에 청약을 받아도 될까?

이 질문에 대한 답을《그 누구도 알려주지 않았던 청약 당첨의 기술》(저자 배홍민, 공민규)에서 찾아봤다. 저자는 청약을 받을 때 '적정 분양가'인지 '거품 분양가'인지를 따지는 게 중요하다고 강조한다.

지금의 가격에 청약을 받았을 때 2~3년이 지난 준공 후에 충분히 시세차익이 가능한지, 현재 분양가에 향후 주변 시세상승과 개발 호재 등 프리미엄이 반영돼 있는지를 냉정하게 판단해야 한다는 조언이다.

이를 위해서는 첫째, 가장 가까이에 있는 아파트 실거래 가격을 확인해야 한다. 입지는 불변이기 때문이다. 주변 10년 내 아파트 시세와 분양가를 비교해보고, 분양가가 높게 책정됐는지 저렴하게 책정됐는지 판단을 하라는 이야기다. 최소한 인근 비교대상 아파트보다는 분양가가 낮거나 비슷해야 적정인데, 주변 시세 동일 면적 아파트 가격보다 분양가가 높다면 고분양이라고 볼 수 있다. 그렇다면, 자신이 고분양가에 청약을 받고도 이 아파트가 향후 시세 차익이 가능한지 냉정하게 판단을 할 수 있어야 한다.

둘째, 가장 최근에 분양한 인근 아파트 분양가를 확인해야 한다. 최근 분양한 인근 아파트 가격은 청약홈과 호갱노노에서 확인할 수 있다.

셋째, 아파트 평당가를 계산할 때 발코니 비용은 꼭 포함하자. 과거에는 발코니 확장은 선택이었지만, 요즘은 발코니 확장은 옵션이다. 그래서 일부 단지들은 분양가를 저렴하게 보이기 위해 분양가는 낮추면

인천 계양신도시 조감도. 사진: LH

서 발코니 확장 비용을 많이 잡기도 한다. 발코니 비용과 분양가를 합한 금액에 평당가를 계산해서 명확한 금액을 기준으로 주변 시세와 비교해야 한다.

수도권 민간분양이 높은 분양가로 인해 청약 실수요자들을 머뭇거리게 한다면, 3기 신도시 사전청약은 시세의 반값에 가까운 저렴한 분양가로 인기몰이 중이다.

사전청약은 무주택 실수요자를 대상으로 우수한 입지 주택을 시세의 60~80% 가격에 조기 공급하는 제도다. 2021년 하반기에 4차례에 걸쳐 3만 8,000가구를 공급했고, 총 54만 3,000명이 신청했다. 4차 사전청약의 평균 경쟁률은 10 대 1로 매우 높은 경쟁률을 기록했다. 저렴한 분양가, 그리고 '신도시는 성공한다'는 인식이 작용한 것으로 보인다.

그러나 신도시라고 무턱대고 청약했다가 나중에 큰 후회를 할 수 있다.   신도시는 한번 입주하면 최소 10년 이상은 거주할 계획으로 선택하기 때문에 실수요자들은 여러 입지 중 어디를 고를지 심사숙고해야 한다. 실제로 30년 전 1기 신도시 일산과 분당이 건설될 때 어느 지역을 선택했느냐에 따라 자산 가치가 달라졌다.

일산과 분당, 부동산투자 측면에서 성패를 가른 요소는 무엇일까? 전문가들은 "신도시에 투자할 때 일자리와 강남 접근성을 따져보라"고 조언한다.

신도시에 일자리가 들어오면 수요가 더 늘어난다. 실제로 분당은 경기 남부권에 반도체 등 대기업과 정보기술IT 기업이 몰린 판교와 가까워 입지 가치가 올라갔다. 실수요자들은 관심 있는 신도시에 기업이 들어오는지, 자족도시로 성장할 수 있는지를 확인하면 좋다. 정부는 3기 신도시를 수도권광역급행철도GTX와 연결하고 신도시 내부에 환승센터 등을 만들어서 서울 도심과 유기적으로 연결되도록 설계할 계획이다.

호수·강·공원·바다를 바라보는 조망이 있다면 금상첨화다. 이 밖에도 정부가 신도시 조성 초기에 가장 좋은 위치에 공급하는 '최초 시범단지'를 주목하면 좋고, 기존 구도심 생활 인프라를 누릴 수 있는 '구도심과 가까운 신도시'가 경쟁력이 있다.

PART 4

부자 주머니엔 이미
코인이 담겼다

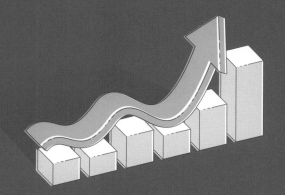

1

금이냐 디지털 금이냐

    금융위원회와 금융감독원 등 금융정책을 이끌어 가는 정부기관을 취재하다 보면 당국 관계자들과의 사적인 대화 자리에서 비트코인에 대한 아주 원론적인 질문을 받을 때가 많다. 바로 비트코인의 가치는 어디에서 오느냐 하는 것이다. 이 질문은 중요할 수밖에 없다. 비트코인의 가치에 대해 최소한의 공감이 있어야 투자도 가능하기 때문이다.

    비트코인에 대한 가치의 근거를 묻는 질문을 받으면, '금'과 비교해서 다시 질문을 던져보는 것이 좋다. 금의 가치는 어디에서 오느냐고 말이다. 대답은 보통 비슷하다. 금은 희소성에서 가치가 온다. 또한 내구성을 갖추고 있을 뿐 아니라, 쉽게 쪼개거나 붙일 수 있고 장기간 가치가 변하지 않으며 감별이 쉽기에 화폐로도 쓰인다.

그렇다면 비트코인은 어떤가? 희소성과 내구성을 갖추고 있고 쉽게 쪼개거나 붙일 수 있다. 그리고 비트코인은 세상에 모습을 드러낸 이래 지금까지 가치는 우상향하고 있다. 감별도 물론 쉽다.

금과 비교해서 비트코인을 설명하면 사람들은 대개 이런 의문을 가진다. '금은 실물이 있는데 비트코인은 그렇지 않다고' 말이다.

실물은 무엇일까? 월급 받을 때 지금은 실물로 받는 사람은 없다. 통장잔고에 표시된 전자상의 숫자만 달라진다. 여러분의 월급에 실물이 있는지 생각해보라. 결론은 이렇다. 금이든 월급이든 원화든 달러든, 결국은 그 가치를 믿는 사람들이 있기 때문에 가치가 있다. 예컨대 북한의 화폐를 떠올려보자. 많은 사람들이 북한이라는 나라를 신뢰하지 못하기에 북한의 돈은 의미가 없지만, 적어도 북한 내에서는 북한 사람들이 믿고 사용하는 정도는 된다. 그렇기에 교환 가치가 생기는 것이다.

비트코인도 그렇다. 누군가는 비트코인을 못 믿는다고 해도 이미 수억 명의 사람들이 그 가치를 믿고 투자한다. 시가총액도 1,000조 원이 넘는다. 그러니 누군가, 심지어 한국의 고위 공무원이라 할지라도 "비트코인은 가치가 없다"라고 말하는 건 투자자 관점에선 공허한 얘기일 뿐이다. 황금을 앞에 두고 황금 보기를 돌같이 하라는 것과 같다.

최근 비트코인은 재미있는 현상을 겪었다. 바로 우크라이나와 러시아의 전쟁으로 가격이 급등한 것이다. 전쟁으로 금융시스템이 마비된 러시아와 우크라이나에서 비트코인이 대체 결제 수단으로 주목받으면서 비트코인의 가격이 순간적으로 확 뛰었다. 그와 동시에 비트코인에

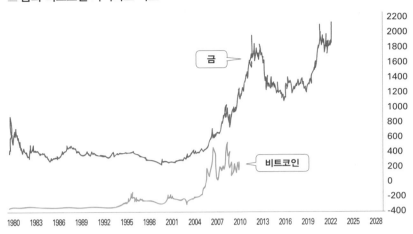

■ 금과 비트코인 가격차트 비교

금

비트코인

2200
2000
1800
1600
1400
1200
1000
800
600
400
200
0
-200
-400

1980 1983 1986 1989 1992 1995 1998 2001 2004 2007 2010 2013 2016 2019 2022 2025 2028

대한 해묵은 논쟁이 또다시 수면 위로 올라왔다. '비트코인의 성격은 무엇일까? 전쟁에 가격이 오른 걸 보면 금과 비슷한 자산일까?' 하는 것들 말이다. 경제 매체 블룸버그는 "우크라이나 사태는 피난처로서의 비트코인의 매력을 시험하는 시험대가 될 것"이라고 했다.

논쟁에 불이 붙은 건 전쟁 직전까지 비트코인은 금이 아니라 주식과 같은 흐름을 보여 왔기 때문이다. 미국연방준비위원회가 금리를 올린다고 얘기하면 나스닥지수와 함께 비트코인 가격은 떨어졌다. 미국 물가지수나 실업지수가 예상치보다 낮거나 높게 나오면 비트코인 가격은 나스닥지수와 함께 올랐다. 금이 아니라 주식과 같은 위험자산에 가까운 모습이었다.

그런데 러시아-우크라이나 전쟁 국면에서는 주식과 전혀 다른 흐름을 보였다. 특히 실물적인 필요성이 큰 이유였다. 2022년 2월 미국 재무부가 러시아 정부에 대한 대대적인 경제 제재를 단행하면서 비트코인을 비롯한 가상화폐 가격은 하루 만에 13% 급등했다. 당시 러시아 법정화폐인 루블을 통한 비트코인 거래량은 15억 루블(약 190억 원)에 달했다. 이는 2021년 5월 이후 최고 거래량이다. 아울러 미국 달러와 1대1로 고정된 가상화폐인 테더USDT에 대한 거래량도 같은 시기 13억 루블에 달해 9개월 만에 가장 높은 것으로 집계됐다.

도대체 비트코인은 금과 주식 중 어느 쪽에 가까운 걸까? 투자자 입장에서 이 같은 논쟁이 중요한 건 지금의 거시 경제상황에서 비트코인을 투자의 대상으로 봐야 하는지 아닌지가 달려있기 때문이다.

우크라이나 전쟁 등 불안정한 공급망이 복합적으로 작용해 국제유가가 100달러를 넘어섰다. 한때 서부텍사스유WTI 기준 120달러를 넘어서던 오름세는 한풀 꺾였지만, 불안정한 정세상 고유가가 유지될 가능성도 높다. 유가 상승 여파는 원자재 시장 전반을 덮쳐 공급 측면의 인플레이션을 더욱 부추기고 있다.

이런 상황에서 미국은 금리 인상과 양적 긴축이라는 '마이웨이'를 가겠다는 뜻을 명확히 했다. 실질금리 급등으로 자금 조달 비용이 치솟고 원자재 가격 급등으로 원가 부담마저 가중된다면, 주요 기업의 현금 창출 능력이 훼손되고 이는 스태그플레이션으로 비화할 수 있다. 안전자산인 금 수요가 증가할 것이라 예측되는 이유다. 물론 스태그플레이션까진 아니고 금리만 오른다면 금 가격이 하락할 수도 있다. 어쨌든 이같이 불안정한 상황에서 비트코인이 금과 같은 카테고리에 묶인다면 우리는 금을 보듯 비트코인에 투자해야 할 것이다.

전문가들도 비트코인의 성격에 대한 판단이 엇갈린다. 미국의 대체투자업체 아이캐피털의 아나스타샤 아모로소 수석투자전략가는 "위험자산 선호가 후퇴하는 것과 동시에 비트코인이 상승률을 반납했다는 것은 비트코인이 여전히 위험 자산으로 거래되고 있다는 뜻"이라며 "비트코인과 가상 화폐가 명목화폐의 실행 가능한 대안으로 자리매김하는 데는 시간이 걸릴 것"이라고 전망했다. 이번 사태가 비트코인의 탈중앙화 화폐로의 가능성을 보여줬다는 전문가들도 있다. 미국 자산운용사 위즈덤트리의 제러미 슈워츠 글로벌 최고투자책임자는 "비트코인은 은행 시스템의 영향을 받지 않는 화폐 자산"이라며 "러시아에서 일어난 많은 일들이 비트코인의 가치를 설명하는 데 도움이 된다고 생각한다"고 했다.

당장 비트코인의 성격을 판단하기는 쉽지 않다. 하지만 생각보다 금방 비트코인의 방향성이 결정될 것으로 보인다. 긴 시간을 이어온 유동성의 시기가 끝나가는 지금이 비트코인의 진짜 성격이 드러날 시점이다. 향후 미 연준이 금리인상을 결정하는 시기와 국제정세의 큰 흐름이 나오는 시점마다 비트코인의 흐름을 살펴보자. 몇 번 흐름을 유심히 보고 나면 그다음엔 투자의 방향을 알 수 있을 것이다.

2

NFT와 메타버스가 만든 변화

2021년 가장 뜨거웠던 단어를 묻는다면 NFT를 꼽을 수 있다. 대체불가토큰(NFT)시장은 그야말로 폭발적으로 성장했다. 로이터는 최근 NFT 판매액이 전년에 비해 무려 262배 정도 불어난 249억 달러(약 29조 7,729억 원)를 기록했다고 보도했다. 실제 2021년 가장 비싸게 팔린 NFT는 780억 원에 달한다. 글로벌 경매사인 크리스티의 뉴욕 경매에서 팔린 미국의 디지털 아트작가 마이크 윈켈만(활동명 '비플')의 작품 '에브리데이즈:첫 5000일'이 그 주인공이다.

실제로 수백억 단위의 거래를 확인하고도 누군가는 NFT가 사기 또는 거품이라고 말하기도 한다. 그렇지만 블록체인 전문가들은 2022년에도 NFT가 블록체인 성장의 중심이 될 것이라고 한다. 글로벌 기업들

비플이 제작한 NFT '에브리데이스:첫 5000일'. 2021년 가장 비싸게 팔린 NFT 작품으로 780억 원에 판매됐다.

도 앞다퉈 NFT 관련 사업을 신사업으로 보고 있다. 최근 마크 저커버그 메타 최고경영자CEO도 인스타그램에 NFT대체불가토큰를 표시할 수 있도록 기술 기능을 구축하고 있으며, 앱 내에서 일부 NFT를 발행mint할 수도 있다고 언급했다.

도대체 NFT가 무엇인데 이렇게 주목받는 걸까?

NFT를 가장 단순하게 설명하는 말은 '증표'다. 가령 명품을 샀을 때, 명품 자체가 아니라 그에 따라오는 보증서를 의미한다. NFT는 이 보증

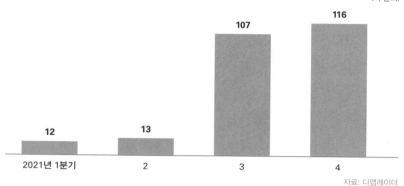

(억 달러)

116

107

12   13

2021년 1분기   2   3   4

자료: 디앱레이더

서를 블록체인에 올리는 것이다. 블록체인은 변조가 불가능한 장부다. 디지털과 변조할 수 없다는 상반된 성격의 것들이 만난 블록체인을 통해 NFT가 만들어지는 셈이다.

일부 언론에서 NFT가 정품을 증명할 수 있다고 말하지만, 엄밀히 말하자면 조금 애매한 설명이다. 정품이 증명되는 게 아니라 누가, 언제 만든 데이터 조각인지 보여주는 것이다. 명화 NFT가 만들어졌다고 해보자. 여전히 그 NFT의 복제품도 NFT로 만들 수 있다. 실용적 가치, 예술적 가치도 전혀 차이가 없다.

하지만 NFT는 누가, 언제 만들었는지는 구분된다. 진품 NFT인지는 누가 확인해줄까? 바로 원작자다. 원작자가 내가 언제, 어디서 이 NFT를 만들었다고 얘기해주면 증명된다. NFT가 정품을 증명하고 위조를 방지하는 게 아니고, 각 그림에 훼손 불가능한 기록을 남겨서 구분 가능한 데이터 조각을 만들어주는 것이다.

NFT의 진가는 여기서 한 단계 더 나아가야 이해할 수 있다. 단순히 그림의 진품 보증서와 같은 수준에서만 NFT를 바라보면 투자 기회를 놓칠 수 있다. NFT가 떠오른 시점에 메타버스가 함께 떠올랐다는 부분에 주목해야 한다.

NFT와 메타버스의 시장성을 이해하기 위한 재미있는 예를 하나 들어보겠다. 온라인게임을 한다고 생각해보자. 온라인게임에서는 게임머니가 존재한다. 게임 속의 NPC에게서 게임머니로 기본적인 아이템을 구매한다. NPC는 게임 속 캐릭터지만 누군가가 조정하는 캐릭터는 아니다. 제작사가 만들어 놓은 상점 같은 존재다. 시세가 정해져 있는 일종의 자동판매기다. 보통 NPC는 기본적인 아이템만 판다. 고수가 되면 좋은 아이템이 필요하다. 이때부턴 다른 게임 플레이어에게서 직접 구매해야 한다. 게임머니로 구매할 수도 있고 물물교환을 할 수도 있다. 완전히 시장의 원리에 따라 거래가 이뤄진다.

물물거래가 시작되면 게임 내에 경제체계가 생긴다. 게임이 인기를 끌고 사용자가 많아질수록 경제체계는 커진다. 때로는 게임 속 아이템을 실제 돈을 주고 팔기도 한다. 현금을 주고 게임에서 아이템을 대신 받는 식이다. 그러면 게임 속의 경제체계가 실물 경제와 페깅되기 시작한다. 리니지와 같은 게임은 특정 아이템이 현실의 집값만큼 커지기도 했다.

이러면 문제가 생긴다. 디지털이라는 세계는 기본적으로 변조 가능한 곳이라는 점에서다. 게임 아이템의 소유 기록 같은 건 모두 게임사에 기록으로 남지만, 변조가 가능하다. 해킹당하거나 아이템이 복사될 수 있다. 경제체계 자체가 펀더멘탈이 없는 셈이다. 신뢰가 존재할 수 없다.

여기에 스위치를 하나 달아준 게 바로 블록체인이고, 아이템의 고유성을 증명해줄 수 있는 게 NFT다. NFT로 만든 아이템도 복사해서 똑같은 아이템을 만들 수는 있다. 하지만 진본 아이템과 복제 아이템이 구별은 된다. 구별이 된다면 게임사에서 가짜 아이템은 추후에 제거할 수 있다. 비로소 게임 내 경제체계가 신뢰를 기반으로 단단하게 구축될 가능성이 생긴 셈이다. 이것이 NFT가 메타버스와 함께 주목받기 시작한 근본적인 배경이다.

NFT를 조금 더 기술적으로 이해해보자. 기술적으로는 이더리움의 기술표준 erc-721을 따른다. 이는 NFT를 만들기 위한 일종의 표준 기획안이다. 코인을 만들어내는 기술에서 조금 논리적 변화가 적용됐다. 우리가 알고 있는 대부분의 이더리움 기반 토큰들은 erc-20을 기반으로 한다. erc-20은 누가 몇 개의 토큰을 갖고 있는지를 나타낼 수 있는 표준이다. 누가 얼마를 갖고 있는지를 봐야 하는 돈 계산의 기본을 그대로 나타냈다고 보면 된다.

erc-721은 조금 다르다. 누가 어떤 토큰을 갖고 있는지를 보여준다. 몇 개인지는 중요하지 않다. 각각의 토큰이 모두 다른 토큰이기 때문이다. 그리고 그 토큰(보증서)이 보증하는 그림, 사진 등이 위치한 온라인 주소를 적어 넣는다. 해당 온라인 페이지에 올라온 그림의 정품 증표가 바로 NFT인 셈이다.

하지만 NFT가 완전한 건 아니다. 앞서 말했던 NFT의 기술적인 부분을 보자. NFT는 그림이 위치한 온라인 주소를 증표로 남긴다. 그림을 블록체인에 올릴 순 없다. 블록체인에 그림을 올리면 블록의 용량이 너무 커지기 때문이다. 송금 정보 정도만 있는 비트코인 전체 장부도 300GB를 넘는다. 만약에 그림을 블록체인에 직접 올린다면 그 용량은 상상도 못 할 만큼 커질 것이다.

이 때문에 보증서만 블록체인에 올리고 그림은 외부에 저장한다. NFT를 발행한 사이트 등에 보통 저장한다. 따라서 그림을 올려둔 사이트가 존재해야 증표도 의미가 있다.

3

사기당하지 않는 NFT 투자

앞서 말했듯 NFT는 큰 주목을 받고 있다. 하지만 아직 초기 단계인 만큼 사기가 판을 친다. 가짜 그림을 올리거나 하는 식의 사기는 사실 큰 문제는 아니다. NFT를 단순히 그림을 사기 위해서 하는 사람은 많지 않기 때문이다. 사기를 당하지 않는 법도 쉽다. 그냥 유명한 사람이 유명한 플랫폼에 발행한 NFT를 사면 그만이다.

하지만 최근 유행하는 NFT투자 방식은 단순히 그림에 대한 투자가 아니다. 게임에 연결되어 있는 경우가 많다. 가장 흔한 사업모델은 다음과 같다. 앞으로 대단히 재밌는 게임을 만들 것이라고 말한다. 그리고 이 게임 안에서는 당연히 게임 캐릭터와 다양한 아이템이 존재한다. 그런데 유독 좋은 아이템이 존재하거나 캐릭터가 한정판으로 판매된다. 바로 NFT를 이용해서 말이다. 고유한 캐릭터나 아이템이 한정판으로 나오게 되고, 게임이 유명해지면 이 아이템과 캐릭터의 가격도 천정부지로 올라갈 수도 있다. 그래서 초기에 투자해 NFT를 얻으라는 식으로 투자를 유도한다.

이런 식의 NFT 투자방식이 유행하는 이유는 빤하다. 단순히 그림을 팔아선 사람들이 모이지 않기 때문이다. 지금의 생태계가 확장될 것이라는 비전을 보여줘야 한다. 잘 생각해보면 다단계 사업과 비슷한 판매방식이다. 물론 모두 사기는 아닐 것이다. 개발자들이 진심으로 NFT를 활용한 게임 생태계를 확장해나갈 능력과 진심이 있을 수도 있다. 하지만 아직은 그렇지 않은 경우가 더 많아 보인다. 가상자산 시장에선 이런 식의 사기를 '러그풀'이라고 부른다. 열심히 공든 탑을 쌓아 가는데 탑 아래에 깔린 양탄자를 쑥 잡아 뽑아버린다는 의미다.

〈NFT 투자 유의사항〉
1. 개발자나 운영진의 실명 공개를 하지 않으면 의심
2. 거래량이나 투자자 수가 적으면 의심
3. 평판과 커뮤니티, SNS 홍보 맹신 안 돼
4. 업데이트 등 개발 진행 사항 수시 확인
5. 개발팀과 투자사 정보 확인

실제 2022년 국내에서 '캣슬'이란 명칭으로 운영된 NFT 프로젝트 운영자들이 잠적한 사건이 있었다. 캣슬은 클레이튼 기반의 NFT로, 탈

중앙화 금융(디파이)을 하겠다는 로드맵을 통해 투자자(홀더)들을 유치했다. 그런데 운영자들은 "메인 계정 해킹으로 더 이상 프로젝트를 진행할 수 없다"는 말만 남기고 사라졌다. 캣슬 프로젝트는 총 1만 마리의 각기 다른 고양이 NFT를 통해 탈중앙화 금융을 구축해 고양이를 구매하고, 이를 보유하면 킷Kit이라는 물고기를 준다고 홍보했다. 캣슬 NFT 10개를 가지고 있으면 매일 1킷(약 1클레이)을 주겠다는 것이다. 2021년 11월 킷캣 1만 마리 중 1,000마리에 대한 1차 프리세일을 실시했는데 21시간 만에 완판이었다. 굿즈(기획 상품)와 게임도 출시한다고 했지만, 운영진은 현재 모두 사라진 상태다. 프리세일 당시 25~35클레이(3만 6,150-5만 610원)에 거래됐던 캣슬 NFT 가격은 현재 세계 최대 NFT거래소 오픈시Opensea에서 약 3클레이(4,338원) 수준까지 추락했다.

NFT 전문 분석 회사 논펀저블(NonFungible)이 낸 '2021년 NFT 시장 보고서'에 따르면 전 세계 NFT 구매자와 판매자는 중복 계정을 합쳐도 약 350만 명이고 NFT 판매 규모는 177억 달러 수준이다. 즉 NFT 시장이 아직 초보적인 수준이라는 것이다.

지금과 같은 초기 시장 상황에 NFT 사기 사건들이 잇달아 발생하면서 NFT 가격 거품이 꺼지는 중이다. 최근에도 오픈시에서 '클레이래빗' 민팅 당시 스캠 사건이 있었다. 클레이래빗 민팅 공식 사이트와 똑같이 생긴 가짜 사이트가 만들어지며 사이트를 착각한 많은 투자자들이 가짜 사이트에 개인 지갑을 연결해 투자금을 넣은 것이다. 이어 '메타어드 벤처' NFT 퍼블릭 민팅에서 매크로 이용자가 NFT 수량을 쓸어간 후 가격을 올려 재매매하는 사건도 발생했다.

논펀저블에 따르면 글로벌 NFT 평균 판매 가격은 2021년 말에 비해 48% 이상 하락했다. NFT를 거래하는 계정의 수도 38만 개에서 19만 4,000개로 급감했다. 오픈시의 거래량 80%나 감소했다.

전문가들은 NFT 시장에 조기 진입할 필요가 없다고 조언한다. NFT에 대한 이해 없이 무작정 뛰어들다 보면 러그풀에 당하기 쉽다는 것이다. 최화인 블록체인 에반젤리스트는 "가격이 몇천 배씩 뛰는 극소수의 NFT 사례를 보고 들어가는 사람들이 많은데 NFT 시장은 경매 시장 특성도 있어 조기 진입이 무조건 유리한 건 아니다"며 "콜렉터블 NFT라면 그것을 발행하는 커뮤니티에 대한 이해 등 가치판단이 우선돼야 한다"고 말했다.

NFT 프로젝트 투자에서 사기당하지 않으려면 개발자나 운영진이 실명 공개를 하는 프로젝트, 비교적 잘 알려진 기업이나 개발자, 아티스트가 참여하는 프로젝트인지 확인하고 투자할 필요가 있다. 거래량이나 투자자 수가 적으면 의심해봐야 한다. NFT를 활용한 게임 생태계의 발전이 중요한 만큼 개발 진행 사항도 수시로 확인해야 한다.

가장 현명한 투자방법은 NFT 프로젝트에서 잃어도 그만인 만큼의 돈만 투자하는 것이다. 성공하면 정말 돈을 많이 벌 수도 있지만, 반대로 위험성도 큰 투자방식이기에 복권을 사는 마음으로 가볍게 투자하는 걸 추천한다.

4

길게 봐야 멀리 가는 디파이

　가상화폐 시장은 빠른 속도로 발전하고 있다. 특히 탈중앙화금융(디파이)의 세계가 그렇다. 디파이는 기존의 금융시장을 그대로 본떠 발전하고 있다. 처음엔 코인과 코인을 바꿔주는 거래소가 생겼다. 이후에는 코인을 담보로 받고 코인을 빌려주는 플랫폼이 생겼다. 담보로 받은 코인으로 ICO 같은 곳에 투자하고, 이를 통해 발생한 수익을 나눠주기도 한다. 전통 금융이 하는 역할을 하나하나 따라 하는 식이다.

　디파이는 단순히 코인을 활용한 금융투자 형식은 아니다. 앞서 말한 모든 과정에 중개자가 없다. 블록체인에 코드를 쓰는 방식으로 개인 대 개인으로 거래가 이뤄진다.

▓ 디파이와 기존 금융 차이

구분	기존 금융 시스템	디파이
허가	특정 고객	네트워크상 존재하는 모든 고객
운영 주체	중앙화	탈중앙화
중개자	전통 금융기관	블록체인 네트워크
화폐 발행	국가 및 중앙은행	블록체인 프로토콜
자산의 매매	증권거래소	탈중앙화 거래소
투자 수단	주식, 채권 등	토큰화 된 금융상품 서비스
투명성	특정 사용자만 접근 가능	모든 사용자가 거래 기록을 공유

디파이를 이해하려면 이더리움을 알아야 한다. 디파이의 역사는 이더리움의 역사와 같다. 금융의 사전적 정의는 '이자를 받고 자금을 융통하는 것'이다. 지금 당장 현물을 교환하고 끝나는 게 아니기 때문에 '계약'이 필요하다. 디파이가 '계약 가능한 코인'인 이더리움의 등장과 역사를 같이 하는 것도 이 때문이다. 비트코인은 누가 얼마를 가지고 있다는 소유권 현황 정도만 장부에 기록할 수 있다. 그런데 이더리움은 다양한 컴퓨터 코딩 코드를 넣을 수 있다. 이더리움의 이 같은 특성을 '스마트 콘트랙트계약'라고 부른다.

물물교환 시대에 화폐가 발명된 상황을 비트코인의 등장에 비유한다면, 계약서 작성을 통해 대출과 저축 등이 생겨난 시대를 이더리움 등장의 시대라고 할 수 있다. 일상에서 대출받는 과정을 생각해보자. 개인 간P2P 대출을 할 때 계약서를 쓴다. 이 계약서가 일정한 양식과 조건을 충족한다면 계약은 법으로 강제된다. 그런데 디지털 세상에서는 변조가 자유롭다. 얼마 전까지는 이런 오프라인 같은 구속력을 가진 계약이 어려웠다. 그나마 은행 등을 통해서 온라인 대출을 받는다면 은행을 믿고 거래할 수 있지만, 디지털에서의 개인 간 대출은 현실적으로 신뢰하기 어렵다.

이 빈틈을 채운 것이 블록체인 기술이다. 한번 블록에 올라간 정보는 변조되지 않는다. 계약의 신뢰가 담보된 것이다. 스마트 콘트랙트의 가장 간단한 예가 '에스크로'다. 예컨대 중고거래를 할 때 플랫폼이 중간에서 돈을 가지고 있다가 구매자가 물건을 받았다고 확인하면 판매자에게 보내주는 시스템이다. 이더리움 스마트 콘트랙트도 똑같다. 구매자가 '물건을 받았다'는 신호를 보내면 물건 가격만큼의 이더리움을 구매자에게 보내달라는 계약을 생성할 수 있다. 구매자는 물건을 받고 나서 이더리움 장부에 신호를 보낸다. 그러면 이더리움 시스템이 거래를 처리한다. 구매자와 판매자는 중개자 없이 거래에 성공한다.

디파이 세상에는 대출, 유동성 공급, 결제 등 다양한 금융상품이 존재한다. 대출의 경우를 살펴보자. 예컨대 코인 투자자 A가 레버리지를 일으켜 투자를 하려고 한다. 그렇다면 코인을 어딘가에서 빌려와야 한다. 어디서 코인을 빌릴 수 있을까? 스마트 콘트랙트를 통해 어딘가에서 코인 대출을 받는다. 여기에 필요한 자금을 빌려주는 투자를 하는 것도 개인이다. 처음 디파이를 접한다면 이런 사람들에게 코인을 빌려주고 이자를 받을 수 있다.

유동성을 공급하는 상품도 있다. 이 경우 탈중앙화거래소(DEX)를 주로 이용한다. 거래소의 생명은 '유동성'이다. 예컨대 주식시장에서 삼성

■ 디파이 예치금 규모

2021년 4월
72.9억 달러(한화 90조 원)

2022년 4월
208.1억 달러
(한화 257조 원)

$240b
$200b
$160b
$120b
$80b
$40b

2020년   6월   2021년   6월   2022년

자료: 디파이라마

전자 주식 1,000만 원어치를 개당 7만 원에 팔고 싶은데 살 사람이 없다면 어떻게 될까? 사겠다는 사람이 제시한 금액을 받아들여야 한다. 눈물을 머금고 4만 원이나 3만 원에 팔아야 할 수도 있다. 이런 상황이면 거래가 잘 발생하지 않는다. 그래서 가상화폐 세상에서는 호가 사이를 채워 매수자와 매도자의 가격 격차를 줄이고 거래가 발생하게 만들어주는 '마켓메이커'가 존재한다. 이들이 잘 활동할 수 있도록 물량을 지원해주는 것을 유동성 공급이라고 한다. 마켓메이커들은 거래소로부터 인센티브를 받는데, 개인투자자들은 이들에게 코인을 예치하고 인센티브를 나눠 받는 식으로 이익을 거둘 수 있다.

여기까지만 이해하고 디파이에 투자하면 처음에 큰 실패를 맞보기 쉽다. 많은 디파이 플랫폼들은 투자자들에게 높은 이익률을 볼 수 있다고 광고를 한다.

하지만 높은 이익률은 대부분 일종의 '파생상품 투자' 형태에서 나오는 숫자다. 디파이 프로젝트들은 대부분 거버넌스 토큰을 이자로 준다. A토큰을 활용한 상품에 예치했을 때 A토큰을 이자로 주는 게 아니라, 해당 플랫폼에서 발행한 토큰(거버넌스 토큰)을 이자의 증표로 주는 식이다.

이 거버넌스 토큰은 디파이 프로젝트가 처음 나왔을 때는 기대감과 해당 프로젝트에 대한 관심에서 오는 수요로 높은 가격을 지닌다. 따라서 초기엔 수익률이 높게 나온다. 하지만 보통 거버넌스 토큰은 따로 활용도를 갖는 코인이 아닐 때가 많다. 시간이 지날수록 토큰 가치는 떨어진다. 디파이에 넣어놨더니 이자는 받았는데 이자 자체가 가격이 너무 많이 떨어져서 의미가 없어지는 셈이다. 이러한 경우를 조심할 필요가 있다.

5

새 정부 코인 키워드
IEO, STO 알아보기

한국 투자 시장의 가장 큰 이벤트인 대선이 끝났다. 결과를 받아들고 투자 시장에 나서야 하는 우리는 이 결과가 어떤 흐름으로 시장을 이끌고 갈지를 분석해볼 필요가 있다.

윤석열 대통령은 후보 시절부터 가상화폐시장에 우호적인 공약을 내놨다. 코인 업계에서는 한국 코인시장에 훈풍이 불 것이라고 보고 있다. 굵직한 몇 가지 디지털자산 핵심공약을 살펴보면 거래소발행IEO와 NFT 활성화가 눈에 띈다.

윤석열 대통령 코인 관련 주요 공약

· 코인 양도소득 5,000만 원까지 세금 면제

· 디지털자산 기본법 제정 및 디지털산업진흥청 설립

· 국내 코인발행ICO 허용과 거래소발행IEO 도입

· NFT 거래 활성화 등

윤 대통령의 디지털자산 공약 핵심은 '코인 양도소득 5,000만 원까지 세금 면제', '디지털자산 기본법 제정 및 디지털산업진흥청 설립', '국내 코인발행(ICO) 허용과 거래소발행(IEO) 도입', 'NFT 거래 활성화' 등 4가지다. 윤 대통령은 디지털자산을 투자해 얻은 이익의 경우 5,000만 원까지 양도소득세를 면제하겠다고 밝혔다. 현재 디지털화폐를 양도하거나 대여했을 때 발생하는 소득은 기타 소득으로 분류된다. 만약 소득이 250만 원을 초과한다면 20%의 세율이 적용된다.

그런데 주식투자 소득은 2023년부터 시행되는 금융투자소득세가 5,000만 원까지 공제되기에 형평성에 어긋난다는 지적이 있어 왔다. 정부는 디지털자산 소득을 금융투자소득으로 분류하지는 않고, 대신 '디지털자산 소득'을 신설해 과세하겠다는 입장이다. 과세 시기는 2023년 1월이지만 확정된 건 아니다. 과세 시기가 뒤로 미뤄질 가능성도 있다.

'디지털자산 기본법'도 주목할 만하다. 코인 부당거래 수익에 대해 사법절차를 통한 전액 환수, 해킹이나 시스템 오류 발생에 대비한 보험제도 도입·확대, 디지털자산 거래계좌와 은행을 연계시키는 전문금융기관 육성 등이 골자다.

투자 기회 측면에서 눈길을 끄는 건 IEO와 NFT 관련 공약이다. 윤 대통령은 국내 코인발행(ICO)도 찬성하는 입장이다. 다만 안전장치 마런을 위해 우선거래소 발행(IEO) 방식부터 시작하겠다는 방침이다.

IEO는 투자자가 거래소를 통해 코인 프로젝트에 참여하는 방법이다. 공모주 청약과 비슷하다. 개발사가 발행한 코인을 암호화폐거래소가 위탁 판매하는 형태다. 거래소가 1차 검증을 맡는 것이 장점이다. 거래소가 중개인이 되어 프로젝트와 투자자 사이에서 검증자와 중개의 역할을 담당해 투자자의 위험을 줄일 수 있다. 지난 2017년 즈음 국내에서 ICO 사기가 매우 많았던 걸 떠올린다면 IEO는 훨씬 믿을 만한 초기 투자다.

상장을 담보하기에 수익률도 비교적 높다. 세계에서 가장 인기 있는 IEO 플랫폼은 단연코 바이낸스 런치패드다. 런치패드Launchpad는 말 그대로 발사대다. 코인가격이 '떡상'하길 바라는 의미다. 실제로 수익률도 대부분 좋았다. 코인투자자들에게 이미 너무 유명한 엑시인피니티(AXS) 등이 바이낸스 런치패드를 통해 데뷔한 코인이다. 엑시인피니티의 IEO 공모가는 0.1달러(120원)였고, 엑시인피니티의 바이낸스 기준 최고가는 166.1(20만 2,558원)달러였다. 공모가에 사서 최고가에 팔았으면 수익률이 1,661배에 이른다. 최고가 대비 한참 하락한 지금도 52.3달러이기에 523배에 해당한다. 그 외에도 폴리곤이 현재가 기준으로 599배, 샌드박스가 378배의 수익률을 기록했다. 놀라운 수치다.

IEO가 주목받는 또 다른 이유는 국내 코인시장의 잠재력이다. 한국은 블록체인 잠재력이 뛰어난 나라로 평가받지만 ICO가 허용되지 않는다. 정부가 지난 2017년 ICO를 금지한 이후 국내 코인업계는 해외에서 코인을 발행해 국내 거래소에서 상장해왔다. 하지만 IEO가 허용된다면 투자자들의 위험은 줄고 코인을 발행하는 기업들의 자금 조달은 쉬워질 것으로 보인다.

토종 코인 중에는 전체 코인 시가총액 7위의 '루나'나 카카오 자회사인 그라운드X가 개발한 암호화폐 '클레이' 등 주목받는 프로젝트가 많다. 주식시장에서 보였던 국내 투자자들의 높은 공모열기와 국내 블록체인 프로젝트의 잠재력이 만난다면 IEO를 통해 주목받은 신규 프로젝트들이 나올 가능성이 높다는 게 코인업계의 분석이다.

바이낸스 런치패드를 통해 IEO 참여방법을 살펴보면 공모주 청약과 비슷하다. 바이낸스 런치패드의 경우, 바이낸스 코인인 BNB를 일주일 동안 보유한 평균량만큼 청약 가능금액이 주어진다. 물론 이 금액으로 모두 청약을 할 수 있는 건 아니다. 경쟁청약이기 때문에 경쟁률에 따라 다르다. 보유량이 많으면 더 많이 청약할 수 있다. 다만 한도가 정해져 있기에 일정량만큼 구매할 수 있는 식이다. 국내 거래소에도 IEO 플랫폼이 생긴다면 바이낸스 런치패드를 참고할 것으로 보인다.

윤석열 대통령은 NFT 거래를 활성화하겠다는 공약도 내놓았다. 특히 기술개발을 장려하기 위해 '법으로 금지된 것 빼고 모두 가능한' 네거티브 규제 시스템을 도입한다는 입장이다.

IEO에 더해 NFT가 활성화된다면 게임회사들과 그들이 발행한 코인을 주목해볼 만하다. NFT와 게임은 뗄 수 없는 관계이기 때문이다. 게이머 사이에서 게임 아이템 등을 현금으로 사는 것을 일컫는 '현질'은 이제 자연스러운 일이 된 지 오래다. 게임 아이템을 사기 위해 돈을 쓰

▒ P2E 시장 진출 게임업체

기업명	주요 P2E게임	자체 토큰
위메이드	미르4, 라이즈오브스타즈	위믹스
컴투스	골프스타, 서머너즈워	C2X
넷마블	챔피언스	아이텀
카카오게임즈	오딘	보라

고, 때론 아이템을 팔아 현금화를 하기도 한다. NFT는 이 거래에 '신뢰'
를 더해준다. 게임아이템에 고유성을 부여하고, 버그로 아이템 복사가
일어나거나, 해킹이 되더라도 원본이 무엇인지 알게 해주는 증명서 역
할을 한다. 게임 속의 경제체계가 안정적으로 돌아갈 수 있는 셈이다.
NFT 활성화로 게임이 더 주목받은 이유가 여기에 있다.

지금은 다소 기세가 줄었지만 국내 게임회사 위메이드는 2021년 8
월 블록체인 기술을 적용한 MMORPG(다중접속역할수행게임)인 '미르4'
를 출시하면서 주가가 크게 뛰었다. 같은 해 8월 3만 8,000원대였던 위
메이드의 주가는 그해 12월 24만 5,000원까지 갔다. 미르4 유저는 게임
내 아이템인 '흑철' 10만 개를 채굴하면 게임 내 코인인 '드레이코' 1개와
교환할 수 있다. 드레이코 1개는 암호화폐 위믹스 1개와 교환된다. 게
임 내 흑철 10만 개가 위믹스 코인 1개로 바뀌는 셈인데, 유저는 위믹스
가 상장돼 있는 암호화폐 거래소에서 현금화할 수 있다.

국내에서는 현재 빗썸에서만 위믹스를 거래할 수 있다. 다만 미르4
국내 버전에서는 아이템을 위믹스로 바꾸지 못한다. 사행성 등을 이유
로 게임물등급위원회에서는 블록체인 게임에 등급을 주지 않기 때문에

이 기능을 빼고 출시해야 했다. 윤석열 정부는 이와 같은 P2E게임에는 다소 신중한 입장인 것으로 전해진다. 하지만 향후 NFT 활성화에 따라 아쉬웠던 규제가 해소될 가능성은 충분하다.

게임회사가 아닌 게임회사가 발행한 토큰도 주목해볼 만하다. 최근 '컴투스 코인'이라 불리는 컴투스-컴투스홀딩스의 C2X 코인이 해외거래소 FTX에 상장됐다. 국내 주요 게임사 중에선 위메이드 위믹스, 카카오 보라, 네오위즈 NPT, 넷마블 아이텀게임즈-MBX에 이어 5번째로 발행하는 코인이다.

투자자라면 이제는 NFT 시장을 눈여겨볼 시점이다.

인생을 바꾸는 재테크 킹

초판 1쇄   2022년 5월 12일

지은이   매경 엠플러스(M+)
펴낸이   서정희
펴낸곳   매경출판㈜
마케팅   김익겸 이진희 장하라
디자인   김보현

매경출판㈜
등록   2003년 4월 24일(No. 2-3759)
주소   (04557) 서울시 중구 충무로 2(필동1가) 매일경제 별관 2층 매경출판㈜
홈페이지   www.mkbook.co.kr
전화   02)2000-2612(기획편집) 02)2000-2636(마케팅) 02)2000-2606(구입 문의)
팩스   02)2000-2609   **이메일**   publish@mk.co.kr
인쇄 · 제본   ㈜M-print   031)8071-0961
ISBN   979-11-6484-418-0(03320)